Do you think life flows according to Saju Palzha?

인생, 사주팔자대로
흘러갈까?

고정숙 지음

CONTENTS

2부 | 필자의 행적과 사주 대입

인생, 사주팔자대로 흘러갈까?

초판 1쇄 발행 2024년 8월 1일

지은이 고정숙
발행인 권선복
편 집 이항재
교정·교열 이신종
디자인 이항재
전자책 서보미
발행처 도서출판 행복에너지
출판등록 제315-2011-000035호
주 소 (07679) 서울특별시 강서구 화곡로 232
전 화 010-3993-6277
팩 스 0303-0799-1560
홈페이지 www.happybook.or.kr
이메일 ksbdata@daum.net

값 **17,000**원
ISBN : 979-11-93607-44-2 (13810)
Copyright ⓒ 고정숙

prologue 프롤로그

　필자는 강의를 시작할 때 수강생들에게 "'운명' 하면 가장 먼저 떠오르는 게 무엇인가요?"라는 질문을 던진다. 그러면 한결같이 "사주팔자요"라는 답변이 돌아온다.

　사람들은 이처럼 운명은 대부분 사주팔자에서 비롯된다고 생각한다. 그러나 사주팔자의 구성과 의미를 물어보면 시원하게 답을 하는 사람이 드물다. 사주팔자의 구조와 의미를 제대로 알지 못하니 세간에 현혹되는 경우도 종종 있다.

　흔히 말하는 '사주팔자(四柱八字)'는 좀 더 정확히는 '사주명리(四柱命理)'라고 할 수 있다. 이는 '명리학'이라는 학문에 속한다. 그러나 지금 명리학은 제대로 학문 대접을 받지 못하고 있다. 이유는 명리학자마다 해석이 각각 다르고 정확하게 운명을 풀어내지 못해 사람들에게 신뢰를 잃었기 때문이다. 이는 명리학의 문제가 아니라 그것을 행하는 사람의 문제라고 할 수 있다.

　옛날에 명리학을 공부한 역학자들은 대부분 선비이자 학자였다. 타인의 운명을 족집게처럼 맞추는 일과는 거리가 멀었다. 마치 의사가 병(病)을 정확하게 진단하느냐, 잘못 진단하느냐의 문제와 같은 논리이다.

사람들은 삶이 평탄하면 사주팔자를 궁금해하지 않는다. 그러나 일이 잘 풀리지 않고 혼자만의 힘으로 헤쳐나가기 힘들면 무속인이나 철학관을 찾곤 한다. 이때 사주팔자에 대한 기본 지식이 없으면 그들의 예언(?)에 좌지우지된다. 100% 맞지 않는 주장에 때로는 속기도 하고 억울한 일을 당하기도 한다.

사주란 태어난 연, 월, 일, 시를 말한다. 사주 명리는 사주를 바탕으로 음양오행의 원리를 적용해 운명을 해석하는 것이다. 이것은 지난 수천 년간의 통계로 풀이하는 것이다. 그러나 이를 해석하는 개인마다 차이가 있을 수 있다. 따라서 정확한 추론을 끌어내기란 거의 불가능하다.

심효첨(沈孝瞻)의 『자평진전(子平眞詮)』 서문은 사주 명리에 대해 다음과 같이 적고 있다.

명지불가불신 이지명지군자 당유이순수기정
(命之不可不信 而知命之君子 當有以順受其正)

명(命)은 불신할 수 없어서 명을 아는 군자라면 순리로써 그 바른 명을 받아들여야 마땅하다.

즉 명리학을 참고로 활용해서 바른 순리를 따르라는 것이지 그것을 너무 맹신해서도 안 되고 불신해서도 안 된다는 뜻이다.

사주팔자는 음양오행(陰陽五行)으로 구성된다. 요즘은 명리학을 공부하지 않아도 만세력 앱(App)으로 자신의 사주를 쉽게 확인할 수 있다. 그러므로 기본적인 음양오행을 익혀서 본인 사주의 오행 균형을 알고 잘 활용한다면 나아가고 물러설 때를 판단할 수 있다.

사주팔자는 타인의 운명을 예측하기 이전에 본인의 성향을 알아가는 과정이다. 즉, 나를 깨달아가는 공부라고 할 수 있다.

필자가 이 책을 쓰는 가장 큰 목적은 모든 사람이 명리학의 기초를 익히고 인생이 힘들 때라고 느껴지는 시점에 스스로 지켜내는 삶의 지침서로 삼도록 하기 위함이다.

이 책은 1부와 2부로 나누어서 풀어나갈 것이다. 1부에서는 사주팔자의 총체적인 내용을 다루고 오행의 음과 양을 구분하는 법과 그 요소가 지칭하는 사물을 설명할 것이다. 아울러 천간의 오행을 바탕으로 성격을 진단하고, 그것을 활용하는 대인관계 기법을 소개하겠다. 이때 사회적으로 알려진 유명 인사들의 사주를 예로 들어 사주 구성이 삶에 미치는 영향을 구체적으로 살펴볼 것이다.

2부에서는 험난하게 살아온 필자의 인생 이야기를 소개하고자 한다. 고비가 닥쳐왔을 때마다 정신력으로 버텨낸 사연을 공유하여 독자 여러분이 지금 힘든 상황에 놓여 있다면 필자의 삶을 통해 다시 일어설 힘과 용기를 얻어 삶의 활기를 되찾았으면

하는 바람이다.

그리고 필자의 사주팔자 구조와 살아온 삶을 대입하여 사주가 어느 정도 적중했는지를 살펴보고자 한다. 이를 통해 과연 사주팔자를 믿어야 하는지, 아니면 무시해야 하는지를 명확하게 짚어 보겠다.

판단은 독자 여러분의 몫이다.

2024년 8월

고정숙

01
Lesson

사주팔자란?

01 사주팔자의 구성

Do you think life flows according to
Saju Palzha?

(예시 달력)

2023 癸卯(계묘)年 7월 기미(己未)						
일 (日)	월(月)	화(火)	수(水)	목(木)	금(金)	토(土)
						1 庚申
2 辛酉	3 壬戌	4 癸亥	5 甲子	6 乙丑	7小暑 丙寅	8 丁卯
9 戊辰	10 己巳	11 庚午	12 辛未	13 壬申	14 癸酉	15 甲戌
16 乙亥	17 丙子	18 丁丑	19 戊寅	20 己卯	21 庚辰	22 辛巳
23大暑 壬午	24 癸未	25 甲申	26 乙酉	27 丙戌	28 丁亥	29 戊子
30 己丑	31 庚寅					

사

주팔자를 확인하려면 음력이 표기된 달력을 봐야 한다. 위의 예시 는 2023년 7월 달력이다.

날짜 아래에 적힌 한자를 보면 각각 첫 글자는 갑을병정무기경신임계 甲乙丙丁戊己庚辛壬癸 열 개의 천간이 있고, 두 번째 글자는 자축인묘 진사오미신유술해 子丑寅卯辰巳午未申酉戌亥의 12개의 지지로 이루어 져 있음을 알 수 있다.

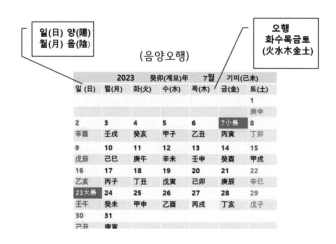

(음양오행)

사주팔자는 음양오행을 기본으로 하고 있고, 간지가 표기된 달력에서 살펴보면 알 수 있다. 음양(陰陽)이란 만물의 생성 변화의 원리로서의 기(氣)를 뜻한다. 음양은 서로 대립하고 의존하면서 사물을 만들고 성립시키는 생성과 존립의 원리, 서로 순환하고 전화(轉化)하는 변화의 원리다.

음양을 사물에 비유하면 해와 달, 물과 불, 하늘과 땅을 뜻하며 남자는 양, 여자는 음에 비유한다.

월요일은 음의 기운이 강해서 왠지 모르게 에너지가 다운되는 느낌을 받게 된다. 흔히 이런 증상을 '월요병'이라 일컫는다.

다음으로 살펴볼 것은 오행(五行)이다. 오행은 우주 만물의 변화 양상을 다섯 가지로 압축해서 설명하는 이론이다. 인간 사회의 다섯 개 원소로 사용하는 화수목금토(火水木金土)의 운행 변전을 말하고, 행(行)은 운행의 뜻을 나타낸 것이다.

오행은 상생(相生)의 관계와 상극(相剋)의 관계가 있다.

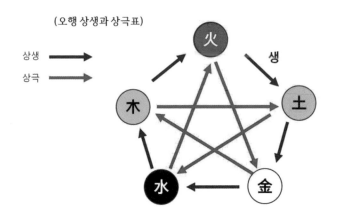

(오행 상생과 상극표)

생은 서로 도와주는 관계이고, 극은 서로 대립하며 항상 충돌한다는 의미다. 오행에 표기된 색깔은 그 오행이 지닌 자연의 색깔을 상징한다. 예를 들면 화(火)는 불을 뜻하여 색깔이 붉고, 목(木)은 나무를 뜻하기에 초록빛이다. 토(土)는 흙을 뜻하므로 황토색에 가깝게 표기한 것이고, 수(水)는 원래 색깔은 없으나 오행에서는 검은색으로 표시한다.

물은 언제나 아래로 흐른다. 여러 곳에서 흘러내린 물은 한곳으로 모여 거대한 바다를 이룬다. 물은 깊은 바다와 같이 그 속내를 알 수 없다고 해서 검은색으로 비유했다. 금(金)은 흰색이다. 금은 계절로 가을을 나타내며 나무에 매달리는 열매와 같은 결실로 본다. 금을 일간으로 가지고 태어난 사람들은 순수한 성향이 많다. 순수함은 흰색으로 표현한다. 그러므로 오행에서 금은 흰색이라고 이해하면 된다.

한자 밝을 명(明) 자를 파자(破字)해 보면 해 일(日) 자와 달 월(月) 자의 조합이다. 낮을 밝히는 태양(日)과 밤을 밝히는 달(月)을 함께 그린 것이니 음양의 조화를 나타낸 것이다. 음양의 균형이 맞고 제 역할을 할 때 비로소 '밝다', '명료하다'라는 뜻을 나타낸 것이다.

사물의 이치가 이러하니 남녀 관계에서도 음이 양을 찾게 되고, 양이 음을 찾는다. 누구나 혼자가 되면 외로움을 느끼게 되고 항상 누군가를 그리워한다. 둘이 함께 있을 때 외롭지 않다는 뜻이다.

각 개인의 사주팔자 안에도 음양과 오행이 있으니 이것이 균형을 이루었을 때와 그렇지 않은 때의 차이점은 분명히 존재한다. 우리는 그런 요소들의 기본 지식을 반드시 습득할 필요가 있고 불균형을 이루고 있을 때의 대비책 정도는 알고 살아가야 한다.

원광만세력을 내려받은 다음 노란색 화살표로 표기된 부분에 '만세력'을 클릭한다.

(만세력으로 개인의 사주팔자를 찾아내는 법)

(사주팔자 찾는 예시)

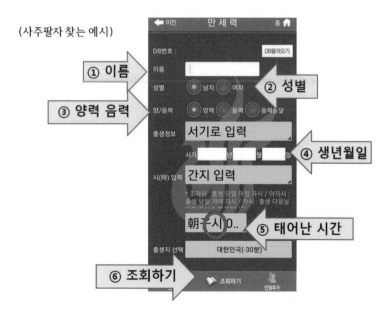

위의 예시 순서대로 적고 '조회하기' 버튼을 누르면 찾는 사주가 뜬다.

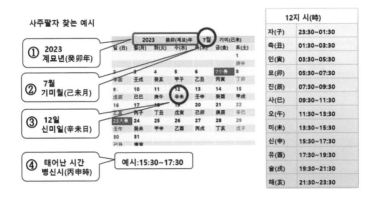

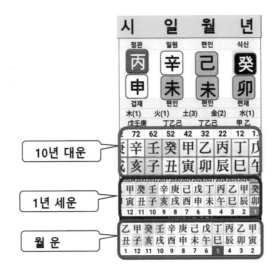

2023년 7월 12일 오후 3시 30분으로 기재하면 위의 도표와 같은 명조가 나온다.

10년 대운이란 각각의 기둥에 표기된 오행의 기운으로 10년간 영향을 받는다는 뜻이다. 1년 세 운은 당해 연도를 말하며, 월 운은 그달에 해당하는 한 달 운을 알려주고 있다.

02 사주팔자의 원리

Do you think life flows according to
Saju Palzha?

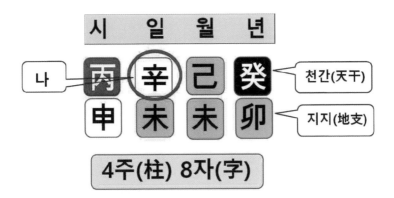

시 일 월 년

| 나 | 丙 | 辛 | 己 | 癸 | ← 천간(天干) |
| | 申 | 未 | 未 | 卯 | ← 지지(地支) |

4주(柱) 8자(字)

연월일시 네 기둥 중에서 태어난 일, 천간의 오행은 본인을 뜻한다. 위의 사주에서는 辛이 본인의 오행이다. 연월일시라는 4개의 기둥을 4주(柱)라 하고, 천간 4글자, 지지 4글자를 합치면 8자가 된다. 이를 일컬어 '4주(柱) 8(字)자'라고 한다.

"팔자 좋네~"라는 말을 한 번쯤은 들어봤을 것이다. 이 말은 사주에 드러나 있는 여덟 글자에서 오행의 균형이 잘 맞는다는 뜻이다. 이것은 마치 사람들이 세상에 태어나서 출생신고를 할 때 부여받는 주민등록번호와도 같은 것이다. 세간에는 사주팔자가 어떤 종교와 연관된 것처럼 오해해서 미신 취급을 하는 경우가 많다.

사주팔자는 어떤 종교와도 관련이 없다. 그냥 본인이 태어난 연월일시

일 뿐이다. 수천 년이 흘러온 지금까지도 '사주는 미신이다', '아니다,'를 놓고 논쟁을 벌이지만 사실은 논쟁의 대상이 아니라고 본다. 단지 그 것을 어떻게 해석하는가의 차이일 뿐이다.

사주팔자의 속설이 지금까지도 명맥을 이어온 이유를 한 번이라도 생각해 본 적이 있는가? 그것은 태어난 날을 기준으로 풀이해 봤을 때 그 날의 오행과 그 사람의 성격이 맞아 들어가는 확률이 상당히 높기 때문이다. 만일 사주가 전혀 근거 없는 허무맹랑한 것이었다면 벌써 오래전에 역사의 뒤안길로 사라졌을 것이다.

사주팔자는 통계학이다. 사주가 한 사람의 운명을 좌지우지하지는 않지만, 어느 정도의 통계치가 전혀 무시할 수 없을 정도로 맞아 들어가기 때문에 수천 년 동안 각종 논란 속에서도 그 맥이 끊어지지 않고 이어져 온 것이다.

우리는 사주를 무시해서도 안 되지만 너무 맹신해서 사주에 휘둘려서도 안 된다. 그러려면 내가 내 사주팔자를 볼 줄 알아야 한다. 그래야 세상을 살아가면서 힘든 일을 당했을 때 무속인이나 철학관에 의존하지 않고 본인 스스로 운명을 다스리며 이겨 나갈 수 있다.

필자도 많은 사람과 상담을 하면서 통계로서의 사주가 갖는 힘을 경험해 왔다. 이 때문에 일간의 오행만으로 그 사람의 성격이나 그 사람이 지나온 행적을 추론해 보는 것도 어렵지 않았다. 사주는 수많은 자료가 쌓여 이루어진 빅데이터와도 같다. 따라서 무속인이나 철학관에서의 풀이가 대체로 맞는 것 같은 느낌을 경험하게 되는 것이다. 그러므로 나의 사주를 알면 나의 장단점을 파악하고 남은 인생을 대처해 나가는 데 매우 소중한 자료로 활용할 수 있다.

03 사주해석의
부정확성

Do you think life flows according to
Saju Palzha?

사주로 앞으로 다가올 일들을 족집게처럼 알아맞힐 수도 있겠지만 그 정도의 경지에 도달하려면 퇴계 이황 선생이나 중국의 공자만큼 공부를 깊게 해야 한다. 그리고 설사 학문의 깊이가 그 정도라고 해도 운명을 정확하게 예측하기란 쉽지 않다.

그 이유는 사주팔자 중에 태어난 시간을 구분하는 방식을 보면 알 수 있다. 사주에서는 시간을 두 시간씩 열둘로, 즉 십이지시(十二支時)로 나눈다. 두 시간이라는 시간 동안 흐르는 우주의 기운과 그 안에서 일어나는 일들이 어떻게 균등할 수 있겠는가? 두 시간은 분으로 나누고 또 초로 나눠 보면 결코 짧은 시간이 아니다.

사주에서 시간을 열두 개로만 구분하는 것은 편의상의 이유라고 보면 맞다. 즉 시간을 분, 초 등으로 세분화하면 너무 복잡해지니 두 시간씩 묶은 것이다. 자시에

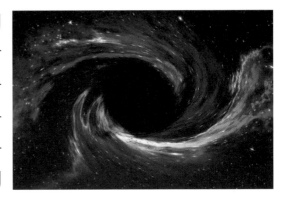

태어난 모든 사람의 일상과 환경은 다 같을 수 없다. 예를 들어 새벽 3시 31분에 태어난 인시생과 5시 29분에 태어난 인시생의 환경 또한 같을 수가 없다는 얘기가 된다. 그러므로 앞으로 다가올 운을 정확하게 예측하는 것은 누구라도 한계가 있다. 그러나 타고난 성향과 기질은 정확도가 매우 높기에 무시할 수 없다.

04 오행의 성향

Do you think life flows according to
Saju Palzha?

지금부터는 사주팔자에 나타난 일간을 토대로 오행과 성향을 자세히 알아보자. 독자분들도 각자의 일간을 찾아서 이 책의 설명과 맞는지를 비교하면서 살펴보면 매우 흥미진진할 것이다.

같은 오행에서 첫 글자는 양을 뜻하고 두 번째 글자는 음을 뜻한다. 예를 들면 나무를 뜻하는 갑(甲)과 을(乙) 중에, 앞에 오는 갑은 양이고 뒤에 오는 을은 음이 된다.

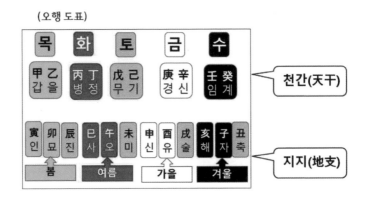

(오행 도표)

60갑자는 천간의 열 글자와 지지 열두 글자를 음과 양으로 나눠서 짝을 지어 순서대로 나열한 것이다.

1	갑자甲子	11	갑술甲戌	21	갑신甲申	31	갑오甲午	41	갑진甲辰	51	갑인甲寅
2	을축乙丑	12	을해乙亥	22	을유乙酉	32	을미乙未	42	을사乙巳	52	을묘乙卯
3	병인丙寅	13	병자丙子	23	병술丙戌	33	병신丙申	43	병오丙午	53	병진丙辰
4	정묘丁卯	14	정축丁丑	24	정해丁亥	34	정유丁酉	44	정미丁未	54	정사丁巳
5	무진戊辰	15	무인戊寅	25	무자戊子	35	무술戊戌	45	무신戊申	55	무오戊午
6	기사己巳	16	기묘己卯	26	기축己丑	36	기해己亥	46	기유己酉	56	기미己未
7	경오庚午	17	경진庚辰	27	경인庚寅	37	경자庚子	47	경술庚戌	57	경신庚申
8	신미辛未	18	신사辛巳	28	신묘辛卯	38	신축辛丑	48	신해辛亥	58	신유辛酉
9	임신壬申	19	임오壬午	29	임진壬辰	39	임인壬寅	49	임자壬子	59	임술壬戌
10	계유癸酉	20	계미癸未	30	계사癸巳	40	계묘癸卯	50	계축癸丑	60	계해癸亥

육십갑자표

'갑자'부터 시작해서 '계해'까지 돌고 나면 다시 갑으로 돌아온다. 그 래서 61세의 나이가 되면 돌아올 환(還)자와 갑(甲)을 써서 환갑(還甲)이 라고 부르는 것이다.

명리학은 동양의 성격 학문이라 할 수 있다. 이 때문에 요즘은 정신건 강의학과 심리학에서도 명리학을 일부 활용하고 있다. 명리학과 정신건 강의학을 큰 틀에서 비교해 보면, 명리학은 타고난 기질을 다루는 데 비 해 정신건강의학은 세부적인 정신세계를 다룬다는 차이점이 있다.

정신과 전문의인 양찬순 의사는 그의 저서 ≪명리 심리학≫에서 환자 들이 정신의학과 명리학을 종합해 설명할 때 더 잘 받아들인다고 했으 며, 그 이유를 다음과 같이 정리했다.

첫째, 정신의학적으로 자신을 아는 것보다 주역과 명리학으로 아는 것 이 덜 아프기 때문이다.

둘째, 자신에 대해 좀 더 통합적 이미지를 가질 수 있다.
정신의학으로 자신의 특성을 알아가는 과정이 건물의 설계도면이라면 명리학은 입체도면과 같다.

셋째, 명리학과 정신의학을 접목할 때 나의 인간관계 패턴에 대해 좀 더 다른 관점을 가질 수 있다.

넷째, 명리학적 분석을 통하면 내가 타고난 잠재력을 좀 더 잘 알 수 있다.

이처럼 명리학의 기본 지식만 습득하여도 나의 적성과 진로를 찾을 수 있고 삶의 계획을 구체적으로 세울 수 있다. 덤으로 다른 사람의 특성을 이해할 수 있으니 대인관계에도 많은 도움이 된다.

사진 출처: SBS 미운 우리 새끼

위의 사진은 2022년 6월에 방영된 ≪SBS 미운 우리 새끼≫에서 가수 김종민이 맞선을 보는 장면이다. 이들의 대화 내용을 들으면 성격 테스트 MBTI에 관한 내용이 나오고 이어서 사주 이야기도 나온다. 김종민은 본인을 큰 나무라고 소개했고 여성은 큰물이라고 소개했다. 물이 나무를 도와주는 구조이니 김종민은 "앞으로 저를 많이 도와주셔야 합니다."라고 말했다. 이렇듯 요즘은 젊은이들도 사주를 자신을 이해하고 설명하는 데 활용하고 있다.

MBTI는 여러 가지 질문에 대답해야 비로소 그 사람의 성향을 파악할 수 있다. 반면에 명리학은 사주팔자에서 태어난 날짜의 천간 한 글자만 알아도 나의 성격은 물론 상대의 성향을 80% 이상 파악할 수 있다.

사주 상담을 할 때 일간(日干)에 나타나는 성향을 토대로 설명해 주면 내담자들은 높은 적중률에 놀라워한다. 이처럼 명리학은 MBTI와 달리 질의응답 과정을 거치지 않고도 금방 성격 파악이 가능해 잘 익혀 두면 독자들도 매우 요긴하게 활용할 수 있다.

(오행으로 알 수 있는 성향)

유교(儒敎)에서는 사람이 마땅히 지켜야 할 다섯 가지 도리인 '인의예지신(仁義禮智信)'을 중요하게 여기는데, 이 역시 오행에서 비롯된 것이다. 나무로 태어난 사람은 어질고[仁], 쇠로 태어난 사람은 의리가[義] 있으며, 불로 태어난 사람은 예(禮)가 바르며, 물로 태어난 사람은 지혜롭고[智], 흙으로 태어난 사람은 신의[信]가 있다.

그러면 위에서 설명한 내용이 과연 신빙성이 있는지 일간별로 좀 더 세밀하게 성향을 파악해 보자.

05 천간 10가지의
사물 형상과 성향

Do you think life flows according to
Saju Palzha?

갑목의 형상

오행은 여러 가지 사물에 비유된다. 첫 번째 갑(甲)은 양간(陽干)에 해당하며 형상으로는 큰 나무에 비유된다. 인정이 많고 단순하면서 진취적이고 위로만 뻗어 나가는 기질이 있다. 갑으로 태어난 사람은 좌고우면하지 않고 잔머리를 굴릴 줄 모른다. 나무가 위로 뻗으며 자라듯, 오로지 직진만 하는 성향이다. 그래서 과거 모 대기업 총수가 직원을 뽑을 때 이력서를 바탕으로 사주를 뽑아보고 일간이 갑인 사람은 운전기사로 채용하지 않았다는 일화가 있다.

갑은 자신이 최고라는 신념이 강하고 우두머리 기질이 있다. 추진력도 있고 목소리가 큰 것이 특징이다. 또 잔머리를 굴리지 않는다는 것은 그만큼 순수하다는 의미도 있다. 이들은 누가 시켜서 움직인다거나 타인에 의해 따라 한다기보다 본인의 뜻이 있어야 움직이는 편이다. 독립심도 매우 강하며 결단력도 있고 부러질지언정 굽힐 줄 모르는 뚝심도 있다.

단점은, 융통성이 부족하고 말이 먼저 앞서 시작은 잘하나 마무리가 잘 안 된다는 점이다.

을목의 형상

을(乙)은 음간(陰干)이며 작은 밭, 잡초로, 큰 나무[甲]에 의존해 살아가는 담쟁이덩굴에 비유된다. 흔히 말하는 '갑을 관계'라는 표현이 여기에서 유래되었다.

갑이 융통성이 없고 곧다면, 을은 부드럽고 유연해서 굽힐 줄 안다. 환경 적응력이 탁월해서 처세술이 뛰어나다. 본인의 명예아 이이을 위해서라면 어제의 적과도 손잡을 수 있는 사람들이 을 일간들이다. 생존 능력도 매우 강해서 과거 보릿고개 시절에도 을 목의 자식들은 굶지 않았다는 말이 있을 정도다. 그만큼 10개의 천간 중 가장 억척스럽고 부지런하다.

을은 땅에서는 초목으로 보고 하늘에서는 바람으로 보기에 돌아다니는 역마의 기질도 강하다. 그러므로 견문도 넓고 정보에 민감하며 소식통이라고 불릴 정도로 세상일에 관심이 많다. 친화력이 좋아 사람들과

소통하고 같이 어울리는 시간을 즐긴다. 을 일간에게 돌아다니지 말고 집에 있으라고 하면 병이 생기니 가족들은 을 일간을 너무 구속하지 않도록 배려할 필요가 있다.

갑을 몸통에 비유한다면 을은 손과 발에 비유한다. 그래서 을 가운데는 손재주가 좋고 감성도 풍부해 예술 분야에서 능력을 발휘하는 재주꾼이 많은 편이다.

단점은 기회주의자의 면모가 있으며, 계산이 빠르고 본인에게 이익이 되지 않는 일에는 적극적으로 나서지 않는다는 점이다. 만약 사주에서 을 목 옆에 갑 목이 있다면 을이 갑을 칭칭 감고 올라가는 특성이 있어 엄청난 생활력을 보여준다.

강한 적수를 만나면 갑은 치고 올라가려고 하지만, 을은 유연하게 대처하고 끈질긴 인내력으로 상대의 빈틈을 노려서 조용히 굴복시킬 정도로 두뇌 회전이 빠르고 기회 포착 능력도 탁월하다.

병화의 형상

병(丙)은 오행으로 불을 뜻하며 양간(陽干)으로 하늘에 있는 태양에 비유된다. 솔직하고 거짓이 없으며 발산의 기질이 매우 강해서 매사에 정열적이며 뒤끝이 없다. 이들은 실패하더라도 개의치 않고 금방 회복할 수 있는 탄성이 강하다. 예의가 바르고 사람들에게 인기도 많은 편이며 외모도 준수한 사람들이 많다.

태양이 비추면 만물이 명료하게 드러나듯이 병은 모든 것이 공정해야 하고 위계질서가 명확한 것을 좋아한다. 밝은 빛을 상징하기에 명랑한 성격의 소유자가 많다. 하늘에 태양은 둘이 없는 것처럼 이들은 '내가 최고'라는 자신감이 넘치는 스타일이다. 병은 화려함을 추구한다. 허영심도 있어서 보석과 악세서리를 좋아하며 단장하기를 즐긴다.

태양의 분출하는 힘을 닮아 활동성이 왕성하다. 친화력이 뛰어나 항상 당당하며 시원시원한 성격의 소유자다. 본인의 속을 숨기지 않으니 솔직 담백하고 리더십과 혁명적인 기질의 강한 추진력도 겸비하고 있다.

단점은 맹목적인 추진력과 도전 정신으로 일단 마음이 동하면 일부터 저지르고 보는 성급함이 있다. 신중하지 못해 사고도 많은 편이다. 소유욕이 강하지만 한편으로는 금방 싫증을 느끼는 변덕스러움도 있어 주의할 필요가 있다.

이들은 한번 화가 나면 그 폭발력이 대단해 마치 화약이 터진 듯 큰불을 연상케 한다. 병화 사람들을 대할 때는 될 수 있으면 그들의 감정을 건드리는 일은 피하는 것이 옳다. 병은 칭찬을 먹고 사는 사람들이다.

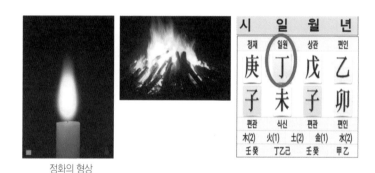

정화의 형상

정(丁)도 오행으로 불을 뜻하며 음간(陰干)이다. 촛불과 모닥불의 형상에 비유된다. 초가 자신을 태워서 주위를 밝히듯, 정 일간의 사람들은 마음이 따뜻하고 타인을 배려하는 배려심이 깊어 희생 봉사 정신이 투철하다.

밤하늘에 뜬 별에 비유되며, 컴퓨터의 빛이나 자동차에서 나오는 빛, 전깃불과 같은 인공 빛도 정의 영역에 속한다. 그래서 정 일간은 낮보다 밤에 태어나는 사람들이 더욱 빛을 발해 성공하는 경향이 있다.

병이 불같이 성급한 성정이 있다면, 정은 차분하고 조용하면서 사람들과 원만하게 어울리는 편이고 분쟁이나 문제를 잘 일으키지 않는다.

마음이 여리고 여성스러우며 예의와 형식을 중요시하는 편이다. 무리 속에 정이 있으면 분위기가 화기애애하게 살아난다. 정은 불미스러운 일이 발생하면 시시비비를 가리지 않고 그 자리에서 조용히 한발 물러서는 스타일이다.

정 일간의 사람들은 대부분 목소리가 나긋하고 온화해서 직설적인 표현은 하지 않는다. 그래서 정 일간들 가운데에는 부드러운 이미지가 많다.

그러나 겉으로는 연약해 보여도 의외로 남다른 고집과 주관이 있고 자신만의 신념이 뚜렷한 사람들이다. 생활력도 매우 강해 가정을 잘 꾸려나가지만 인테리어나 작은 액세서리에도 관심이 많아 은근히 소비 지출도 있는 편이다.

음간의 특성상 정은 예민하고 세심해서 눈치도 빠르며 사소한 것까지 놓치지 않는다. 만약 본인이 불이익을 당했다면 그 자리에서 표현은 하지 않으나 뒤끝은 매섭다. 그러니 정 일간들을 대할 때면 상처 주는 언행은 특히 자제하는 것이 좋다.

단점은 마음에 상처를 받으면 쉽게 털어내지 못하고 끝없이 과거를 혼자 되씹는다는 점이다. 체면을 지나치게 중시하는 성향으로 사람들에게 속내를 드러내지는 않지만, 앙금이 오래가고 조용히 복수하는 성향이 있다. 그래서 정이 한번 등을 돌리면 회복하기 어렵다. 이러한 성향 때문에 정은 자신도 정신적으로 힘들어지고 지칠 수 있다.

무토의 형상

무(戊)는 흙을 뜻하는 양간(陽干)이다. 오행으로 큰 산, 넓은 대지의 형상이다. 태산을 닮은 모습으로 듬직하여 가볍지 않은 것이 특징이다. 과묵하고 완고한 면이 있어 사람들이 쉽게 다가가지 못하는 인상을 주기도 한다. 임기응변이 탁월하고 직감이 뛰어나다.

믿음직하면서도 보수적이며 가치관이 뚜렷하고 주체성이 강하다. 강하면서도 포용력이 있으며, 중용을 지키려고 하는 신의가 있다. 사람들 사이에서 중재 역할을 잘하는 부드러움도 있어 주위에 따르는 사람들이 많다. 만물의 생명을 기르는 대지의 성향으로 부드럽게 주변을 감싸 주는 편안한 성격이라 사람들이 의지하고 싶은 마음을 일으킨다. 여자가

무 일간이라면 애교가 부족하다. 성격이 변덕이 없고 듬직하니 맏며느리 감으로 최고다.

사람들과 어울리기를 좋아하고 식탐이 많다. 천간에 관성이 있으면 명예욕이 강하고 욕심도 많은 편이다. 과감하게 행동해서 실행력도 빠르고 항상 단체의 우두머리를 지향한다. 타인을 지배하려는 기질이 강해서 남 밑에 들어가서 움직이는 것을 달갑게 여기지 않는다.

단점은 실행력과 행동 실천력은 빠르지만 쉽게 달아올랐다가 쉽게 가라앉는 점이다. 완고함이 지나쳐 한번 결정한 일은 쉽게 바꾸려고 하지 않아 실수도 따른다. 그런 일들이 반복됐을 때 좋은 결과가 나오면 끈기가 있다는 평을 받지만, 나쁜 쪽으로 결과가 나타나면 융통성이 부족한 사람이라는 혹평을 들을 수 있다. 외형에 신경을 많이 쓰는 성향으로 멋을 부리고 꾸미기를 좋아하는 스타일이다.

기토의 형상

기(己)는 음간(陰干)이고 오행으로는 흙이다. 작은 밭, 작은 땅에 비유된다. 밭에서 만물을 길러내듯이 기로 태어난 사람들은 누구를 가르치는 일에 잘 맞는다. 눈치가 빠르고 다른 사람들의 감정에 예민하게 반응하는 경향이 있다. 타인과의 관계를 중요하게 여긴다.

무 토가 과묵한 편이라면 기 토는 부드러운 편이다. 음 토의 특성상 예민하고 통이 크지 않다. 꼼꼼하고 검소하며 돈 관리를 잘하는 실속파다. 규칙과 원칙을 준수하는 성격으로 그것이 지켜지지 않는 상대와는 바로 거리를 두는 등 속이 좁은 편이다. 갈등을 피하고 명예욕보다는 타인과의 조화를 선호하므로 공격적이지는 않다. 주변 사람들과 조화롭게 지내는 것을 좋아하지만 자신의 의견이나 생각은 잘 표현하지 않는다.

일부터 저지르지 않고 미리 계획을 세워서 실행으로 옮기고 메모를 꼼꼼하게 잘하는 편이다. 안정적인 것을 추구해서 변화를 싫어하고 인내심이 강하다. 남들 앞에 나서서 추진하기보다는 뒤에서 묵묵히 자신의 역할을 해내며, 치밀한 성격으로 자기 관리에 철저하다.

기본적으로 성정이 예민하고 마음이 약해서 상처를 잘 받는 편이다. 평소에는 겸손하고 상냥하지만 다소 신경질적인 면도 있다. 이는 평소 화가 나는 일이 있어도 바로 표현하지 않고 꾹 눌러 참았다가 겉으로 표출하기 때문이다.

그렇지만 일반적으로는 융통성도 있고 상대에게 잘 맞춰 주려고 노력하는 편이다. 말을 차분하고 조리 있게 잘하니 설득력이 있다. 타인의 고민을 잘 들어주고 편안한 느낌을 주어 상담자 역할도 매우 잘한다. 역마 기질도 강하고 예술적 감각이 뛰어나서 예체능으로 성공하는 사람들이 많다.

단점은 자기중심적인 성향이다. 본인의 속내를 잘 드러내지 않는다. 책임감도 있고 싱실하시반, 사수 구성이 좋지 않을 땐 판단력이 흐리고 답답해 보일 수 있다. 소극적이고 수동적이며 이해타산이 분명해서 불필요한 관계는 꺼리는 스타일이다.

의심과 욕심이 많아 다른 사람의 조언을 잘 듣지 않고 뒤끝이 있다. 한번 돌아서면 다시는 보지 않는다.

경금의 형상

경(庚)은 양간(陽干)이다. 오행으로는 가공되지 않은 무쇠, 또는 큰 돌, 바위와 같은 단단한 물질에 비유된다. 개혁과 의리, 원리와 원칙을 중요시한다. 목표를 정하면 행동하는 데 거침이 없어 과감하고 추진력도 있다. 냉철한 면이 있어 겉으로는 냉정한 듯하지만, 속으로는 인정도 많고 따뜻한 면도 있다.

승부욕이 강하고 말보다 행동으로 옮기는 실천가다. 출세 지향적이고 고집이 세며, 맺고 끊는 결단성이 있다. 불의를 보면 참지 못하고 의지가 굳어서 한번 관계를 맺으면 변하기 어렵다. 어떤 일이든 끝까지 마무리를 잘하고 꼭 결실과 연결 지으려는 책임감이 강하며, 천간 10간 중에 가장 주체성이 강한 편이다.

준법정신이 뛰어나 군인, 검찰, 경찰 분야라면 대성한다. 혁명가 기질이 강하다. 잘못 풀리면 조직 폭력배나 천박한 사람들의 무리에 속할 수 있다.

단점은 자기중심적인 성향이 강해서 주변 상황을 고려하지 않고 본인의 뜻을 강하게 밀어붙이는 성향으로 타인과 타협하는 데 어려움이 있다는 점이다. 계산적이지 않고 순수한 면도 있지만 무모한 행동을 서슴지 않는다. 그런 점들 때문에 융통성이 없고 순발력이 부족하다는 평을 듣기도 한다. 작은 일에는 무관심하며, 남자가 경 일간이면 가정적이지 못한 성향이 있다.

경 일간의 대표적인 인물로는 박정희 전 대통령과 전두환, 현대그룹 정주영 회장 등이 있다.

신금의 형상

신(辛)은 음간(陰干)이다. 오행으로는 작은 쇠붙이, 보석, 날카로운 무기 등에 비유된다. 원석인 경에서 제련되어 보석으로 다듬어지는 단계를 거쳤기 때문에 신은 항상 변신, 변화, 새로움을 추구하는 편이다. 한자 '辛'의 뾰족한 끝부분처럼 섬세하고 예리한 면도 있으며 좋고 싫음이 분명하고 까칠한 면도 있다.

보석과 아름다움을 상징하는 신은 본인이 가장 잘났다고 생각하는 경향이 10개의 천간들 중 가장 강하다. 실제 신 오행으로 태어난 사람 중에는 미남 미녀가 많다. 본성은 착하고 부드러운 성품을 지녔지만, 자존심이 매우 강하다. 돈은 빌려주고 떼일망정 본인의 자존심을 건드리면 용납하지 않는 성격이다. 맹목적인 자존심만 부리다 세월이 흐른 뒤에 뒤늦게 후회하는 스타일이다.

신은 충고를 가장 싫어한다. 만약 신 일간에게 충고해 주고 싶은 말이 있다면 먼저 칭찬을 9가지 정도 해준 다음에 시작해야 한다. 충고할 때에도 직선적으로 하기보다는 에둘러서 말해 주는 지혜로움이 필요하다. 신은 칭찬에 약하고 통이 크지 않다.

냉철하고 깔끔한 성격으로 자신에게 손해 보는 행동은 하지 않으며, 승산 없는 싸움은 하지 않는다. 자기보다 강한 자에게는 바로 대들지 않고 그 순간은 자신을 낮춰 실속을 취하지만 마음속으로 항상 강자의 약점을 파악해서 자신이 당한 불이익을 해결하는 치밀함이 있다. 예민해서 뒤끝이 오래 남는다.

타인에게 의존하지 않고 안분지족의 삶을 추구하는 성향으로 사물에 대한 욕심은 그다지 많지 않다. 과시욕이 강해서 남들에게 인정받고 싶어 하는 욕구가 크다. 타인의 시선을 지나치게 의식하는 편이다. 멋 부리는 것을 좋아해서 패션과 유행을 앞서갈 정도로 감각이 뛰어나다.

주로 칭찬에 약하고 자기에 대한 비판을 극도로 싫어하는 성격이므로 주변에 믿을 만한 사람을 두지 못한다. 신 일간은 타인과 동업이나 협력을 하기보다는 자신만의 독자적인 사업을 하는 것이 적합하다.

경이 주로 사회 부조리에 대해서 비판한다면 신은 자기중심적 사고를 바탕으로 비판한다. 다수가 불편해하는 사회규범이나 부조리는 본인에게 직접적인 피해가 되지 않는다면 문제 삼지 않는다.

단점은 너무 자기중심적인 성향이 강해 자기만족에 빠져 있어 이기적이라는 평을 듣는다는 점이다.

타인이 자신을 비판하거나 비난하는 것을 극도로 싫어하며 자신을 비판한 사람들에 대한 감정이 오래가고 뒤끝이 매서우며 반드시 앙갚음하는 특성이 있다.

문제가 생기면 자신을 돌이켜 보고 잘못을 찾는 것이 아니라 주변을 탓하는 스타일이다. 타인에게 핑계를 떠넘겨 원망하거나 극단적인 행동도 서슴없이 하는 편이다. 권위적이며 신경이 예민하고 마음에 없는 독설을 내뱉을 정도로 표독스러운 기질도 있다.
신 일간들은 매사에 느긋한 마음과 여유 있는 자세를 가지고 타인을 포용해 나간다면 삶이 더욱 풍요로워질 것이다.

임수의 형상

시	일	월	년
편인	일원	편인	정인
庚	壬	庚	辛
子	午	寅	卯
겁재	정재	식신	상관
木(2)	火(1)	土(0)	金(3)	水(2)
壬癸	丙己丁	戊丙甲	甲乙

임(壬)은 양간(陽干)이고 오행으로는 호수, 또는 바다와 같은 큰물을 뜻한다. 바다는 태풍으로 쓸려 오는 모든 잡동사니를 받아들이는 포용력이 있다. 그와 같은 이치로 임은 남다른 포용력이 있다. 바다의 깊이를 알 수 없듯, 임 일간은 내면을 알 수 없을 정도로 속이 깊은 편이다.

물이 아래로 자연스럽게 흘러가듯이 임기응변에 강하고 말이 논리적이다. 활동적이며 진보적인 성향으로 싫증을 잘 느끼고 변화무쌍한 것을 좋아해서 한곳에 머물러 있는 것을 싫어한다. 역마 기질이 강해서 외국이나 해외에서 능력을 발휘하는 경우가 많다. 통역관, 무역, 외교 분야와 잘 맞는다.

물이 자연환경에 따라 그 형태가 변하듯, 임 일간은 변신과 적응이 뛰어나다. 사교적인 성향이 우세하지만 바다가 파도를 일으킬 때 그 파급 효과가 크듯이 임 일간들이 한번 화를 내면 무섭게 화를 낸다. 온화한 듯하면서 차갑고, 잔잔했다가 파도가 갑자기 밀려오듯이 감정 기복이 심한 편이다. 한번 화가 나면 본인도 통제가 안 될 정도로 걷잡을 수 없을 만큼 심하게 분노하는 스타일이다.

두뇌가 명석하고 수완과 감각도 뛰어나서 사회성이 좋고 여러 분야에서 두각을 드러내는 편이다. 야심도 크고 허영기도 많아 도도한 면도 있으며, 타인의 지배나 통제를 싫어한다.

임 일간들은 풍류를 알고 통이 남달라서 이성에게 인기도 많다. 예능 감각이 뛰어나고 세심함과 배려심도 깊다. 책임감이 강하고 환경 변화에 적응을 잘해 일을 기획하고 실천하는 안목이 좋다. 실리를 추구하는 편이며 지혜롭다.

단점은 외면적으로는 차분한 편이지만 변덕도 심하고 사소한 일로 생각이 많아 자기 자신을 힘들게 한다. 스트레스에 취약하다. 사주에 물이 많고 차가운 오행들에 둘러싸여 있다면 자칫 우울증에 빠지기 쉽다.

임 일간은 권위적이며 선민사상과 우월감이 있어 타인을 얕잡아 보기도 한다. 그러므로 임 일간은 항상 겸손한 마음 자세로 사회생활을 해나가는 것이 좋다.

계수의 형상

　계(癸)는 음간이고 오행으로는 작은 물에 해당한다. 사물로는 보슬비, 맑고 깨끗한 시냇물의 형상에 비유된다. 천간 10개 중 마지막 단계이며 갑에서 시작한 에너지를 마무리하는 기운이다.

　성정이 여리고 예민한 편이지만 지혜로워 나름대로 처신을 잘한다. 본인의 속내를 드러내지 않아 속을 알 수 없는 것이 특징이다. 은근히 자기 이익을 챙기는 실속파다.

　두뇌가 명석하고 총명해서 암기력과 기획력이 뛰어나고 실수가 적다. 일부터 저지르지 않으며 충분히 검토한 후에 실행으로 옮길 정도로 꽤 신중한 편이다. 대인관계가 원만해서 중재 역할을 잘한다. 물의 특성상 형태가 갖추어지지 않은 상태이므로 환경 적응력이 뛰어나서 상황에 따라 자신을 바꿀 수 있을 정도로 처세술이 좋다. 본인의 주장을 강하게 드러내기보다 타인의 말을 잘 들어 주고 처신할 만큼 융통성 있다.

　음간의 특성에 에너지를 수렴하는 물의 특성이 더해져 강한 음의 형상이므로 소심하고 예민하며 상당히 내성적이다. 그로 인해 우울증에 취약하다. 혼자 사색하는 시간을 즐기고 침착하며 사물을 판단하는 능력이 탁월하다.

가랑비에 옷이 젖는 것을 금방 알 수 없듯이 계 일간들은 자신의 존재감을 강하게 드러내지는 않지만, 친화력이 좋아 서서히 조직 내에서 본인의 입지를 굳혀 나가는 편이다. 참을성이 남달라 희생 봉사 정신이 뛰어나고 책임감도 강하다. 역경을 극복하는 능력도 탁월하며, 절약 정신이 강해 저축도 잘하는 편이다.

단점은 주변에 대한 경계심이 심해서 금방 친해질 수 없다는 점이다. 인간관계의 폭은 넓기보다 제한적이며, 다수를 상대하는 것보다 일대일의 만남과 같은 깊은 교감을 선호하는 편이다. 너무 완벽함을 추구해서 잔머리꾼이라는 오해를 받을 수 있다. 이 때문에 때로는 좋은 기회를 놓치는 경우가 있다.

계 일간들은 매사에 너무 예민한 점을 개선할 필요가 있다. 자기만의 생각에 빠져서 스스로 우울한 분위기 속에 가두는 경향이 있으니 넓은 마음과 '그럴 수 있지'라는 긍정 마음가짐으로 살아간다면 사회에서 성공 가도를 달릴 수 있다.

06 십성(十星)의 이해

Do you think life flows according to
Saju Palzha?

십성이란 사주에 있는 글자들을 일간(日干)과 비교하여 그 관계를 나타낸 것이다. 십성을 보면 육친(부모, 배우자, 자녀) 등의 관계나 개인의 성향을 파악할 수 있다.

만물은 양(陽)과 음(陰)으로 나누고 각각은 다시 오행(五行)으로 나누어진다. 따라서 총 10가지 요소로 구성되는데 이것이 바로 십성이다. 십성은 십신(十神)이라고도 한다.

1. 비견(比肩): 한자를 뜻풀이하면 '어깨를 나란히 하다.', '앞서거니 뒤서거니 하지 않고 서로 비슷하다.'라는 뜻이다. 일간과 오행이 같고 음양이 같은 기운이다. 자기 자신과 동등한 존재라고 보면 된다.

2. 겁재(劫財): 한자를 뜻풀이하면 '재물을 위협하다.'라는 뜻이다. 일간과 같은 오행이면서 음양이 서로 다른 기운이다. 나와 동등한 관계에 있으면서 재물을 두고 경쟁을 펼치는 존재이다.

3. 식신(食神): 한자를 뜻풀이하면 '음식의 신'이라는 뜻이다. 곧 식복이 많다는 뜻이다. 일간이 생하는 오행으로 일간과 음양이 같은 기운이다. 사주에 식신이 있으면 자신에게 다가오는 기회를 잘 잡을 수 있다.

4. 상관(傷官): 한자를 뜻풀이하면 '벼슬을 상하게 하다.'라는 뜻이다. 일간이 생하는 오행으로 음양이 다른 기운이다. 상관은 정관을 극

하기도 한다. 정도(正道)를 벗어난 행동도 서슴지 않지만, 자신의 재능을 펼치는 특성이 있다.

5. 편재(偏財): 한자를 뜻풀이하면 '한쪽으로 치우친 재물'이라는 뜻이다. 일간이 극하는 오행으로 음양이 같은 기운이다. 거칠게 번 돈, 또는 투기성 재물을 뜻한다.

6. 정재(正財): 한자를 뜻풀이하면 '올바른 재물'이라는 뜻이다. 이는 일정한 급여, 규칙적인 수입처럼 안정적인 재물을 뜻한다. 일간이 극하는 오행으로 음양이 다르면 정재이다.

7. 편관(偏官): 한자를 뜻풀이하면 '한쪽으로 치우친 벼슬'이라는 뜻이다. 일간을 억압하고 강제성을 띤 흉살로서 '칠살'이라고 표현한다. 일간을 극하는 오행으로 음양이 같으면 편관이다.

8. 정관(正官): 한자를 뜻풀이하면 '올바른 벼슬'이라는 뜻이다. 이는 계획적으로 일을 처리하는 관직을 뜻한다. 일간을 극하는 오행으로 음양이 다르면 정관이다.

9. 편인(偏印): 한자를 뜻풀이하면 '생각이 한쪽으로 치우친다.'라는 뜻이다. 좋게 쓰일 때는 전문직에서 재능을 발휘하고, 나쁘게 쓰일 때는 부정적인 생각으로 스스로 힘들게 하는 극단적인 기운과 같다. 일간을

생하는 오행으로 음양이 같으면 편인이다.

10. 정인(正印): 한자를 뜻풀이하면 '올바른 인성'이라는 뜻이다. 이는 음양의 조화를 이룬 바른 삶을 의미한다. 일간을 생하는 오행으로 음양이 다르면 정인이다.

사주팔자가 음과 양에서 출발하듯이 십성의 쓰임도 긍정과 부정의 형태로 나타난다. 모든 사물이 서로 반대되는 성질끼리 상호 대립하면서 발전해 나가는 것 또한 이와 같은 맥락이다. 한쪽으로 치우치지 않고 중화를 이루었을 때가 이상적이다.

타고난 기질을 바꾸기란 쉽지 않다. 그러나 본인의 사주에 드러난 성향을 알고 대처해 나간다면, 전혀 모르고 살아갈 때보다는 여러 가지로 도움이 된다. 십성에서 드러난 긍정과 부정의 성향을 조화롭게 본인에게 적응시켜 활용한다면 마음공부에도 도움이 되고 자신의 운명을 긍정적인 방향으로 개척해 나갈 수 있다.

〈십성의 긍정과 부정의 성향〉

비견 (주체성)	(긍정) 추진력, 강건함, 통솔력.	겁재 (경쟁성)	(긍정) 현실적, 진취적, 민첩, 실행력.
	(부정) 독단, 단순, 성급, 고집.		(부정) 충동적, 맹목적, 경솔, 이기적.
식신 (탐구성)	(긍정) 탐구력, 열정, 순수, 논리적.	상관 (표출성)	(긍정) 순발력, 호기심, 승부욕, 창의력.
	(부정) 융통성부족, 충동적, 자존심.		(부정) 우월감, 오만, 변덕, 환상, 불만
편재 (인지성)	(긍정) 판단력, 모험, 통제력, 독창성.	정재 (현실성)	(긍정) 이익추구, 성실, 근면, 경제관념.
	(부정) 경제관념부족, 독단, 즉흥적.		(부정) 옹졸, 자만, 탐욕, 욕망, 질투.
편관 (인내성)	(긍정) 엄격, 강인함, 분발, 원리원칙.	정관 (합리성)	(긍정) 보편적사고, 책임감, 규범, 모범.
	(부정) 냉정, 완고, 권위적, 의심.		(부정) 열등감, 융통성 결여, 보수적.
편인 (추론성)	(긍정) 창의성, 예지력, 직관력, 영감.	정인 (수용성)	(긍정) 정서적, 직관력, 순수, 이해심.
	(부정) 현실기피, 망상, 폐쇄적, 고독.		(부정) 소극적, 추상적, 의기소침.

위의 표는 각 십성이 지니는 긍정과 부정의 에너지를 간략하게 나타낸
것이다. 자신의 사주에서 이들 중 어떤 성향이 더 강한지를 살펴보고 이
를 바탕으로 개선해야 할 문제점들을 고쳐 나가면 된다. 사주에 한쪽으
로 치우친 오행과 십성이 있다면 이를 보완해야 한다.

예를 들면 사주팔자에 물이 없다면 평소 물 마시기를 습관화해서 보
완해 나가는 것이다. 또 불이 없다면 평소 몸이 차가울 수 있으므로 몸
을 따뜻하게 하는 것이 중요하다. 이처럼 십성에 나타난 부정적 성향을
다스리고 긍정적인 성향으로 바꿔 나간다면 균형 있고 편안한 삶을 사
는 데 큰 도움이 될 것이다.

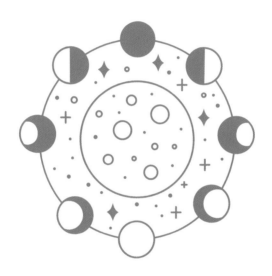

07 팔자보다 환경이 더 중요하다

Do you think life flows according to
Saju Palzha?

동생은 무속인　　　　　언니는 롱아일랜드대학 교수

1975년 1월 5일

壬임　丙병
子자　子자

다시보기
무당과 교수
엇갈린 쌍둥이의 운명

추적60분

48:06

[추적60분] 사주와 운명은 실재할까? 40년 만에 만난 쌍둥이의 인생풀이 |
KBS 140125 방송

위 사진은 2014년 1월 25일 ≪KBS 추적 60분≫에 방영된 '무당과 교수, 엇갈린 쌍둥이의 운명' 편에서 소개된 주인공들이다.

이들은 태어난 지 한 달 만에 헤어져서 40여 년 동안 한 번도 만난 적이 없는 자매다. 사주팔자가 같은 이 둘은 놀랍게도 한 명은 무속인, 다른 한 명은 심리학 교수가 되어 있었다.

어려운 가정에서 살아온 동생은 공부도 많이 하지 못했다. 여러 가지 역경을 겪다가 신내림을 받아 무속인의 삶을 살아가고 있으며, 사주팔자의 운명을 믿는다고 했다. 그러나 해외에 입양되어 부유한 가정에서 자라 교수가 된 언니는 운명을 믿지 않았다. 모든 것은 자신의 선택에 달려 있다고 확신하고 있었다.

언니가 입양된 가족의 구성원 중에는 의사와 교수가 많았다고 한다. 학자 집안에서 성장하며 자연스럽게 공부에 매진할 수 있었던 언니는 잠자는 시간을 제외하면 학업에 열중할 정도로 공부가 제일 재미있다고 했다.

자매는 누가 시키지도 않았는데 사진을 찍을 때 놀라울 정도로 비슷한 자세를 취했다. 다른 문화권에서 자라서 먹는 음식이 달랐을 텐데도 키와 체형은 닮아 있었다. 동생은 기본적으로 인정이 많은 우리나라 정서에 길들여져 감정 표현이 많았고 눈물도 많았다. 미국식 정서와 사고방식에 익숙한 언니는 미소로 화답했지만 비교적 덤덤한 표정이었다.

이들의 같은 유전자는 비슷한 외모를 만들어냈지만, 살아온 환경은 다른 언어와 다른 사고방식, 다른 성향을 만들어냈다. 공통점은 쌍둥이로 태어났다는 단 한 가지뿐이라고 볼 수 있겠지만 그들의 삶을 자세히 살펴보면 공통점은 한 가지가 더 있었다.

무속인의 삶을 사는 동생도 궁극적으로는 사람들의 심리를 다루는 직업이다. 자매는 결과적으로 활동 영역이 다를 뿐, 심리를 다루는 일을 한다는 점에서 보면 그들의 타고난 기질은 유사하게 발현된 것이다. 쌍둥이의 사례는 일간 오행이 뜻하는 기질과 성향이 중요한 비중을 차지하나 그것은 사람이 처한 환경에 따라 얼마든지 다른 형태로 나타날 수 있다는 점을 보여준다.

08
사주팔자를
맹신하면 안 되는
이유 Do you think life flows according to Saju Palzha?

사람들은 평상시엔 사주팔자에 무관심하다. 그러다가 어려운 일이 생겨 혼자 감당이 안 되거나 자신의 의지가 약해질 때면 비로소 깊은 관심을 쏟는다. 미래에 대한 불안이 가중될 때에도 심리적으로 무속인이나 철학관을 찾는 경향이 있다.

경험상 사주팔자를 보러 오는 내담자들이 궁금해하는 내용은 크게 취업, 연애, 재물, 세 가지로 요약할 수 있다. 나는 사주 상담을 하면서 운명은 의지만 있다면 얼마든지 극복할 수 있다는 말을 해주곤 한다. 본인이 얼마나 노력하는지에 따라 취업도 가능하고, 인간관계도 나아지며, 열심히 일하면 재물도 자연스럽게 불어나기 마련이다.

이런 일들이 좀 더 수월하게 풀려나가는 때가 있다. 바로 오행의 균형이 맞아 들어갈 때이다. 상담은 결국 오행의 구성과 성향을 가르쳐 주는 수준이고, 자신의 앞날을 어떻게 펼쳐갈 것인지는 스스로의 선택과 노력에 달려 있음을 주지시키는 선에서 마무리한다.

사주팔자를 보러오는 사람들은 심리적으로 불안한 상태에 있는 경우가 많다. 그래서 용하다고 소문난 점집이나 철학관이라면 많은 시간과 비용을 들여서 천 리 길도 마다하지 않고 찾아간다. 그러나 점집이나 철학관은 안타깝게도 그들의 불안한 심리를 이용해서 영리추구에만 골몰하는 사람들도 간혹 있다. 사주팔자의 영역이 학문이 아닌 권력이나, 장사, 특정 종교의 영역이 되어 버린 까닭이다.

필자는 이런 사람들이 오면 그런 노력을 좀 더 현실적인 곳에 기울이라고 권하곤 한다. 그들에게 사주 풀이를 온전히 내맡기지 말고 명리학의 기초만이라도 익혀서 직접 자기방어를 할 수 있도록 시간과 돈을 투자하라고 적극적으로 권장하고 싶다.

삶의 주인공은 나다. 내가 삶을 주도해 나가야지 왜 타인의 말 한마디에 좌지우지되는가? 사람은 위기를 기회로 만들어 가는 끈기와 오기가 필요하다.

삶 ➡ ㅅ ㅏ = 사
ㄹ ㅁ ㅏ = 람

'삶'이란 글자를 하나씩 풀어보면 '사람'이라는 단어가 된다. ㅏ를 길게 늘어트려 써서 하나로 보면 답이 보인다. 삶은 결국 사람이 개척해 나가는 것이고 사람들의 희로애락 자체가 모여서 삶이 되는 것이다.

운명이 말 그대로 정해져 있는 것이라면 우리는 노력할 필요도 없다. 그러니 사주팔자는 사람들이 살아가는 대로(大路)라고만 생각하자. 인생은 그 길을 내가 과연 어떤 마음 자세와 각오로 임하고 어느 방향으로 이끌어 가는가에 달려 있다. 따라서 일반 사람들도 어느 정도 기초 지식을 갖추고 자기의 관점에서 명리학을 바라볼 필요가 있다.

실제로 명리학에는 자기를 수용하고 발전시켜 나갈 수 있는 답이 들어 있다. 사주에서 해결 방법이 없는 구성은 없다. 다만 그 방법을 못 찾는 무지함이 문제다. 무엇보다도 사주팔자는 오행의 균형이 중요하다. 넘치는 기운은 덜고 부족한 기운은 보완하면 된다. 나머지는 알려 주는 참고 자료일 뿐이다.

본인의 운명은 스스로의 결정에 달려 있다. 그러므로 우리 모두에게 주어진 삶의 선택권을 어떻게 행사하느냐가 매우 중요하다. 그러기 위해서는 내가 처한 환경을 기본적으로 파악하는 것이 급선무다.

사주 명리학은 족집게처럼 미래를 알아맞히는 '점'이 아니다. '인생 상담학'이라는 표현이 더 맞을 것이다. 종교가 사람들의 고민을 들어 주고 마음을 어루만져 주며 바른길로 인도하는 상담자 역할을 하듯, 명리학도 운명론이 아닌 상담학으로 자리 잡아야 한다.

'명리학은 통계의 결과물로 만들어진

동양의 학문일 뿐이다.'

02
Lesson

필자의 행적과
사주 대입

01 초등학교 4학년 중퇴

Do you think life flows according to Saju Palzha?

위 사진은 20여 년 전 큰딸이 접은 종이학을 담아놓은 통이다. 플라스틱 색깔은 오랜 세월이 흐르면서 누렇게 변했다. 뚜껑으로 닫았던 부분은 투명한 색이 남아 있다. 20여 년 만에 열었더니 플라스틱 뚜껑은 오래된 탓인지 과자 부스러기 깨지듯 산산조각이 났다.

필자가 40대 초반에 암으로 입원했을 때 큰딸은 엄마를 살려달라고 정성으로 접은 종이학 1천 개를 이 통에 담아서 주었다. 그때 나는 1년 6개월 동안 세 번의 수술을 받았었다. 딸의 마음이 그대로 담겨 있는지라 오랜 세월이 흐른 지금도 버리지 않고 있다.

나의 어린 시절은 불우했다. 그때는 우리나라가 한국전쟁을 겪고 얼마 지나지 않아 먹을 것도 부족했다. 대다수가 찢어지도록 가난하게 살던 시절이었다.

북한 사람인 내 아버지는 한국전쟁이 일어나자 북한군으로 전쟁에 참
여했다가 한국군에 포로로 잡혔다. 전향하는 것만이 살길이라 생각한
아버지는 언젠가는 휴전이 될 것이고 자신이 살아 있어야 고향으로 돌아
갈 수 있다는 생각에 전향하고 남한에 정착했다.

전쟁은 끝이 났지만 남과 북은 38선을 경계로 다시 나뉘었다. 그러자
아버지는 고향으로 돌아갈 수 있는 날을 손꼽아 기다리며 술로 세월을
지새웠다. 북한 군인으로 징집되기 전 아버지는 이미 결혼을 한 후였다.
아들 둘과 부인이 북한에 그대로 남겨진 상태였기에 가족들을 향한 아
버지의 그리움은 뼈에 사무쳤으리라. 그러나 금방 고향으로 돌아갈 수
있을 거라는 믿음은 당신이 돌아가실 때까지 현실이 되지 못했다.

전향하여 목숨은 겨우 건졌으나 남한에서 혼자 살아가기엔 너무 외로
웠던 아버지는 나의 어머니를 만나 다시 결혼했다. 그것도 정상적인 합

의로 이뤄진 결혼이 아니고 반강제 형태의 결혼이었다. 외할아버지가 북한에서 넘어온 아버지의 신분을 문제 삼았고, 근본을 알 수 없다는 이유로 두 분의 결혼을 반대했기 때문이다. 아버지는 어머니를 납치하다시피 해서 딸자식을 하나 낳은 뒤 어머니의 외갓집 외출을 허락했다. 그 딸이 바로 내 위의 언니다.

남한에서 새로운 보금자리를 꾸렸으나 아버지는 여전히 마음을 잡지 못하고 북한으로 돌아갈 생각만 하고 있었다. 자연히 가정에는 소홀하게 되고 술에 의지하는 날들이 많아졌다. 알코올 중독이 된 아버지는 술만 드시면 어머니를 폭행했다. 풀지 못하는 울분은 술로 해결하고 술기운이 퍼지면 그 화풀이를 폭력으로 해소한 것이다.

나이 60이 넘은 내게 지금도 잊히지 않는 몸서리쳐지는 어릴 때의 기억이 있다. 추운 겨울이었다. 그날도 술에 취해 밤늦게 귀가한 아버지는 우리 모두 잠든 것에 화가 나서 방문을 열고 벽돌을 방 안으로 집어 던졌다. 잠에서 깬 나는 처음엔 상황 판단이 되지 않았다. 어머니가 계신 벽 쪽에는 벽돌 파편이 마치 접착제로 발라 놓은 것처럼 붙어 있었다. 우리 식구 중 누군가가 그 벽돌에 맞았다면 끔찍한 사고로 이어졌을 것이다. 열어 둔 방문 사이로 살을에는 찬바람이 파고드는 데에도 아버지는 무엇이 그렇게 분한지 씩씩대며 밖에 서서 우리를 노려보고 있었다.

아버지의 폭행은 더욱 심해지고 난폭해져서 도저히 한집에서 살 수 없는 지경에 이르렀다. 급기야 어머니는 야밤에 간단한 옷가지만 챙긴 채 자식들만 데리고 집을 나오셨다. 그렇게 아버지의 폭행에서 벗어나는가 싶었다. 그러나 아버지는 남동생과 내가 다니던 초등학교로 찾아와서 대낮부터 술에 취해 어머니가 계신 곳을 대라고 난동을 부리기 시작했다.

아무리 환경이 어려워도 아이들 학교는 보낼 것으로 생각한 아버지는 그때부터 아침 일찍 아이들 등교 시간에 맞춰 학교로 찾아온 것이다.

당시 남동생은 초등학교 1학년에 입학했고 나는 이제 막 4학년이 된 시점이었다. 학교에서 아이들이 "정숙이 아버지 오셨다!"라고 외치면 담임 선생님께서 나를 책상 밑으로 숨겨 주시곤 했다. 당시는 경제적으로 어려웠음에도 가정마다 아이를 많이 낳아 학급 수도 많았다. 한 반에 보통 학생이 70명 이상이었다. 선생님의 지시가 떨어지면 아이들은 책상을 빽빽이 붙이고 그 아래로 나를 숨겨 주었다. 아버지가 학교에 찾아오는 날들이 반복되자 급우들 보기에 너무 창피했다.

그날도 그런 일을 겪고 돌아온 나는 어머니께 "학교를 그만두면 안 되겠냐?"라고 울면서 말을 꺼냈다. 도저히 창피해서 못 다니겠다고 울먹이자 어머니는 "너 나중에 커서 후회 안 할래?"라고 되물으셨다. 나는 조금도 망설이지 않고 후회하지 않겠다고 단호하게 말했다. 그게 내가 초등학교 4학년을 다니다 바로 학교를 그만둔 이유다.

　세월이 흘러 내 딸이 초등학교에 다닐 무렵이 되자, 옛날 어머니와 주고받았던 대화가 떠오르곤 했다. 아무리 어린 딸이 후회하지 않는다는 말을 했다고 한들 어머니는 어떻게 그런 결정을 내리셨을까 하는 서운함과 원망이 밀려오곤 했다.

02 13살
생업 전선으로

Do you think life flows according to
Saju Palzha?

경제적 어려움 속에서 홀로 삼 남매를 키워야 했던 어머니의 처지를 생각해 보면 전혀 이해가 안 되는 것은 아니다. 1970년대는 한국에서 여자가 돈벌이할 수 있는 일이 별로 없었던 시절이었으니까.

어린 나이에 무학으로 삶의 현장에 내몰려 악으로 깡으로 부딪히며 인생을 거칠게 살아온 나는 불현듯 한 번씩 그날 어머니와의 대화가 떠오를 때면 깊은 원망이 끓어오르곤 했다. 어떻게 내 어머니는 겨우 11살짜리 딸이 학교 다니기 싫어 한다고 그 결정을 따라줄 수 있었을까?

결국 나는 13살 때부터 공장에 취업해서 직장인이 되었다. 지금은 미성년자가 취업하는 것이 불가능하지만, 당시에는 이웃에 사는 언니의 등본을 빌려서 제출하고 나이를 속여서 취업하는 것이 가능했다. 내가 취업한 곳은 방직공장으로 12시간씩 2교대로 근무하는 곳이었다. 저녁 7시에 야간 근무를 들어가면 다음 날 7시가 되어서야 퇴근할 수 있었다. 주간 근무는 그런대로 참을 수 있었지만, 밤새 서서 일해야 했던 야간 근무를 견디기에는 내 나이가 너무 어렸고 힘들었다.

나는 저학년 때 키가 꽤 큰 편에 속했다. 짧은 초등학교 시절을 보냈지만, 아침에 조회 시간이나 운동회 등 학교 행사 때 키 순서대로 줄을 서면 나는 항상 뒤쪽에 서 있었다. 친구들을 아래로 내려다보면서 대화할 정도였으니까.

방직공장을 몇 년 다닌 후 우연히 길거리에서 초등학교 때 같은 반 친구를 만난 적이 있었다. 나보다 한참 키가 작았던 그 친구는 어느새 훌쩍 커버려 대화를 나누려면 이제는 내가 그 친구를 올려다봐야 할 정도였다. 아마 내 키는 초등학교 4학년을 끝으로 성장이 멈춰버린 것 같았다. 열악한 환경에 있다 보니 키 성장도 멈추었고, 어린 마음에 가져야 할 미래의 꿈도 생각할 겨를 없이 나의 10대는 그렇게 지나갔다.

03 29살 무학(無學)으로 미용사 자격증 취득

Do you think life flows according to
Saju Palzha?

공장 생활을 탈출하는 지름길은 빨리 결혼해서 벗어나는 것뿐이라고 생각했다. 무학에 가진 것도 없던 나는 또래 친구들보다 빠른 결혼을 선택했다. 아무 조건도 내세울 처지는 아니어서 딱 하나, 술을 안 먹는 남자를 원했다. 그리고 성실한 사람을 원했기에 성실함 하나만 보고 결혼을 결심했다.

처음에 그는 술은 입에도 대지 않는다고 나를 안심시켰다. 그 역시 부친의 술주정 때문에 모친이 힘들게 살았다고 이야기했었기에 믿을 수밖에 없었다. 그러나 막상 결혼하고 얼마 지나지 않아서 그의 술주정이 나타나기 시작했다. 내 아버지가 365일 술을 마신 것처럼 그 역시 거의 매일 만취된 채 집에 들어와 아버지가 어머니에게 그랬던 것처럼 내게 폭력을 행사했다. 딸아이를 임신하고부터 드러난 그의 폭행은 아이가 자랄수록 더욱 난폭해져 견디기가 힘들었다.

나는 지금까지 살아오면서 남편의 월급을 받아 본 적이 단 한 번도 없다. 당연히 생활이 쪼들렸고 항상 스스로 돈을 벌어야 했다. 초등학교도 졸업하지 못한 데다 배운 기술도 없는 나로서는 무엇을 해야 할지 막막했다.

그때 나는 머리를 다듬으러 미용실을 갈 때 만나는 원장들이 부러웠다. 기술자 대접을 받으며 매일 현찰을 만지는 그들의 모습이 멋지게 보였다.

"그래, 저거다!"

나는 미용사 자격시험에 도전하기로 했다. 미용사는 다행히 졸업장이나 학력 없이도 응시할 수 있었다. 경제적 부담은 컸으나 평생 직업을 가진다는 생각으로 미용학원에 등록했다. 3개월 과정이었고 시험은 일 년에 네 번 있었다. 한 번에 합격을 못 하면 재수강하는 형태로 진행되었다.

실기는 그런대로 따라잡을 수 있었는데 역시 무학이라 필기가 어려웠다. 당시 미용사 필기시험에는 '공중보건학'과 '소독'이 포함되어 있었다. 초등학교 4학년을 중퇴한 나는 겨우 한글만 알 수 있을 정도였으니 전문 지식과 단어를 이해하는 것이 가장 어려웠다. 당시 고등학교 졸업자도 미용사 시험을 한 번 만에 합격하는 경우가 매우 드물었다. 보통 두 번 정도에 합격하든지, 아니면 3번에서 7번까지 도전하는 사람들이 대부분이었고, 기간으로는 합격하기까지 일 년에서 수년이 걸렸다.

나는 운 좋게도 한 번 만에 통과할 수 있었다. 3개월만 학원에 다닌 것이다. 워낙 가정 형편이 어려워 재수강하려면 다시 학원비를 내야 하는 부담도 있었지만, 하루빨리 돈을 벌어야 한다는 절박감과 억척스러움에 해냈던 것 같다.

필기시험을 한 번 만에 합격한 배경에는 평소 못 배운 것에 대한 한을 풀고자 대리만족으로 책을 많이 읽었던 습관도 한몫했다. 나는 사람들과 대화하면 지적으로 부족함을 느꼈기에 분야와 관계없이 제목이 마음에 들면 가리지 않고 책을 읽었다. 특히 불우한 환경을 딛고 성공한 사람들의 자기계발 서적을 더 많이 읽었다.

그 시절에는 약간의 돈을 받고 책을 빌려주는 가게가 있었다. 그곳에 갈 때마다 보통 서너 권 정도를 빌려 오면 일주일 만에 다 읽을 정도로 책 읽기를 즐겼다. 그것이 미용사 필기시험을 보는 데 많은 도움이 됐던 것 같다.

미용사 시험에 합격하고 얼마 지나지 않았을 때였다. 학원 원장님에게서 급하게 전화가 왔다. 학생들을 가르치던 선생님이 갑자기 일이 생겨서 학원을 그만뒀다는 것이다. 예기치 못한 사정으로 다른 선생님을 구할 시간조차도 없이 그만두는 바람에 당장 학원생들에게 큰 피해가 돌아가게 됐으니, 다른 선생님을 구할 때까지 도와 달라는 것이었다.

나는 배우는 속도가 다른 학우들보다 상당히 빨랐다. 한번 가르쳐 주면 그대로 따라 하는 것이 초보자라고 볼 수 없을 정도라고 미용학원 원장님한테 칭찬도 자주 들었다. 그리고 학우들과의 유대관계도 돈독해서 나로 인해 수업 시간에 웃을 일들이 많았다. '분위기 메이커'라고까지 칭찬해 주던 원장님이 그런 나를 유심히 지켜보셨나 보다. 실력도 있고 대인관계도 원만한 편이니 새로운 선생님을 구할 때까지 대신 수고 좀 해주면 안 되겠느냐면서 제안해 온 것이다. 내가 배운 내용을 그대로 전수해 주면 되는 것이니까 못할 것도 없겠다는 생각이 들어 망설임 없이 그렇게 하겠다고 했다. 나는 운 좋게도 3개월 동안 학원비로 낸 돈을 강사로 3개월 근무하면서 그대로 돌려받았다.

자격증을 따고 나서도 대부분은 미용실에 취업해서 실기 연습을 몇 년 해야 사람들의 머리를 만질 수 있었다. 그러나 나는 워낙 배우는 과정이 재미있었고 무식 용감한 성격이어서 그런지 학원 다닌 지 얼마 지나지 않았을 때부터 친정어머니를 비롯해 주변 사람들 머리를 상대로 실습을 꾸준히 했다. 때로는 실패하기도 했지만 그럴 때마다 피해자들에게 익살스럽게 농담을 던지며 용서를 구했다. 그런 내가 기특해 보였는지 머리가 마음에 안 들어도 마루타 역할을 해주는 사람들이 많았다. 덕분에 내 미용 기술은 일취월장했다.

자격증 취득 후, 학원에서 3개월 기간 동안 학생이 아닌 선생님의 위치에서 수강생들을 가르치고, 이내 개인 미용실을 개업했다. 미용사 자격증을 취득한 후 나의 삶은 그야말로 초고속으로 하는 일마다 일사천리로 풀려나갔다.

미용실을 꾸려나가면서부터 경제적으로 어느 정도 여유가 생겼으나 나의 결혼 생활은 여전히 불행했다. 남편과의 불필요한 신경전과 반복되는 다툼으로 지친 나는 늘 그런 삶에서 벗어나고 싶었고 정신적으로 많이 허

약해졌다. 그리고 급기야 43살에 암이라는 진단까지 받았다.

　세 번의 수술을 끝내고 회복되었을 때 이제는 아버지와 남편의 그림자에서 벗어나고 싶었다. 타인에게 구속된 삶이 아닌, 나만을 위한 삶을 살고 싶었다. 누군가의 눈치도 보지 않고 오직 내가 하고 싶은 일을 하며 살고 싶었다.

04 46살
검정고시 도전

Do you think life flows according to
Saju Palzha?

그즈음 큰딸이 내게 공부를 시작하라는 조언을 해줬다. 평소 엄마가 배우지 못한 사람이라고는 믿기지 않을 정도로 이해력도 빠르고 머리도 좋은데 이대로 늙어가는 게 안타깝다고, 지금이라도 늦지 않았으니 검정고시에 도전해 보라고 했다.

그때까지만 해도 워낙 공부에 기초가 없었기 때문에 세상 사람들이 모두 하는 공부라지만 나는 못 해낼 것만 같았다. 이전에 미용사 필기시험을 힘들게 경험했기 때문에 더욱 그랬다. 그때는 시험 준비 기간이 3개월로 짧아 깡으로 머리를 싸매고 달려들어 겨우 통과했다. 그러나 검정고시라는 큰 벽은 내가 통과할 수 있을지 자신이 없었다. 그럴 때마다 큰딸은 "엄마는 할 수 있어!"라며 용기를 주었다.

어느 날 큰딸이 초등학교 4학년 과정부터 6학년 과정까지의 내용이 정리된 검정고시 책을 한 권 사서 내밀었다. 초등학교 검정고시에 통과하면 다음 과정인 중학

교 검정고시에 도전하라고까지 했다. 나는 그 책을 식탁 한쪽에 두고 수개월이 지나도록 열어보지 않았다. 자신도 없었지만, 용기도 없었다. 그러나 마음속으론 언젠가는 봐야지 하는 생각은 하고 있었다.

2006년 새해가 밝아왔다.

새해가 되면 뭔가 새로운 계획을 세우고 실천에 옮기고 싶은 목표 의식이 발동한다. 끝까지 실천하지 못하더라도 마음은 항상 비장한 각오를 하곤 했었다. 그러나 미용실을 운영하느라 바빴던 탓에 제대로 실천한 적은 한 번도 없었다.

그때 문득 큰딸이 사준 책으로 눈길이 갔다.
'올해는 저걸 해 볼까?'
처음으로 검정고시 책 첫 페이지를 열어보았다. 어려울 거라는 막연한 생각에 엄두도 못냈었는데 그날은 왠지 할 수 있을 것 같은 자신감이 생겼다.

그렇게 시작한 공부에 시간이 어떻게 흘렀는지 모를 정도로 재미를 붙인 나는 주경야독에 빠져들었다. 낮에는 미용실에서 머리를 만지고, 밤에는 검정고시 준비를 했다. 몰랐던 세계를 직접 탐험하는 기분이었다. 미용실에 손님이 있는 시간을 빼고는 거의 모든 시간을 공부에 쏟아부었다. 가게 문을 닫으면 전에는 텔레비전을 보고 책을 읽었다면 공부를 시작한 후부터는 연필로 직접 써가며 외우기까지 했다. 마치 초등학생의 시간으로 돌아간 것 같았다.

2월 말쯤 시작한 검정고시라 4월에 있을 시험 날짜에 대비하기에는 시간 여유가 없었다. 더구나 나는 4, 5, 6학년 과정을 한꺼번에 공부해야 했다. 시간이  촉박한 탓인지 일상에는 긴장감이 흘렀고, 잠시도 시간을 헛되이 쓸 수 없었다.

국어, 수학, 사회, 과학 네 과목은 필수이고 선택 과목은 도덕, 체육, 음악, 미술, 실과, 영어 중에서 두 과목을 골라야 했다. 시험에 합격하려면 쉬운 과목을 선택했어야 했는데 나는 욕심을 내서 영어를 선택했다. 이어서 고입 검정고시를 보려면 지금부터 꾸준히 영어를 공부해야 한다고 생각했기 때문이다.

그 당시 나는 대문자와 소문자도 구분하지 못했고 알파벳도 몰랐다. 미용실 계산대에 컴퓨터를 설치해 놓고 시간이 날 때마다 교육 방송을 보며 기본 영어를 익혔다.

시험 당일 고사장에서 감독관이 "영어 선택하신 분은 손을 드세요." 하는데 60여 명 남짓 꽉 들어찬 교실에서 손을 든 사람은 나와 외국인으로 보이는 젊은 여자 딱 두 명뿐이었다. 순간 겁이 덜컥 났다. 괜히 영어를 선택했나 하는 후회도 밀려왔다. 처음에 가졌던 자신감은 온데간데없이 사라졌고 고사장의 묵직한 분위기에 그만 주눅이 들어 버렸다.

시간이 어떻게 지나갔는지, 또 시험은 어떻게 치렀는지도 모를 정도의 긴장 속에서 겨우 시험을 마치고 일어나려는 순간이었다. 내 자리 바로 앞에서 시험을 치른 60대 여성 한 분이 흐느껴 울기 시작했다. 나름대로 준비를 많이 했는데 시험이 너무 어려워 답을 제대로 못 적었다고 아쉬워하며 연신 눈물을 흘리셨다.

남의 일 같지 않았다. 나도 모든 과목에서 정답을 자신 있게 썼다는 생각이 들지 않았기 때문이다. 특히 영어가 계속 신경 쓰였다. 서울역에 마중 나와 고사장까지 나를 데려다준 큰딸은 시험 시간 내내 밖에서 기다려 주었다. 어깨가 축 처진 상태로 밖으로 나오는 나를 발견하고 "고 여사, 수고했어."라며 격려해 주었다.

딸은 작성한 답을 적어오라고 시험 전에 메모지를 한 장 주었다. 그래야 합격 여부를 미리 알 수 있다고 했다. 나는 답안지를 적은 메모지를 큰딸에게 주고 바로 집으로 돌아오기 위해 서울역으로 향했다. 김천에서 서울로 올라왔기 때문에, 다시 내려가려면 시간도 많이 들고 미용실을 비워둘 수도 없는 상황이었다. 오랜만에 만난 큰딸과 같이 시간을 보내지 못해 미안한 마음이 들었지만 어쩔 수 없었다.

기차를 타고 내려오는데 큰딸로부터 문자가 왔다. 답안지를 과목별로 일일이 확인해 본 결과 합격했다는 것이다. 내가 가장 고민하고 있었던 영어 과목도 60점

으로 겨우 합격선에 들었고 전 과목 총 평점이 80점을 넘었다고 했다. 무난히 합격한 것이다.

46살이라는 나이에 초등학교 졸업장을 받아보게 되었다.

46살, 중년의 나이에, 그것도 세 번의 대수술을 거치면서 뇌세포도 많이 손상되었을 텐데 초등학교 졸업 자격을 얻었다는 사실에 가슴이 벅찼다.

다음 시험 일정은 8월이다. 3개월 남짓한 시간 동안 중학교 3학년 과정

을 공부해야 했다. 중입 검정고시 합격 발표는 5월에 예정되어 있었지만 이미 합격 여부를 알고 있었기에 바로 중학교 과정에 도전하기로 했다.

중학교 과정은 혼자 하기엔 무리였다. EBS 교육 방송으로 공부하다가 우연히 전봇대에 붙은 광고를 발견했다. 검정고시를 공부하는 사람들을 위해 무료로 운영하는 '늘 푸른 야학교'의 광고였다. 현직 선생님, 또는 퇴직하신 선생님들이 무료 봉사를 하는 곳이라고 했다. 나는 너무 기뻐서 다음 날 바로 그곳을 찾아가서 등록했다.

그리고 미용실 출입문에 '영업시간: 오후 6시까지'라고 안내문을 붙였다. 야학교 수업 시간이 오후 7시부터 10시까지니까 최소한 집에서 6시에는 출발해야 했다. 당시 나는 차가 없어서 웬만한 거리는 걸어 다녔다.

6시에 영업을 마치려면 오후 3시 이후에 오는 파마 손님은 받을 수가 없다. 파마는 마무리까지 보통 3시간 정도 걸린다. 수입을 생각하면 아까웠지만 하나를 얻으려면 또 다른 하나를 포기해야 하기에 돈을 포기하기로 한 것이다. 경제적으로 여유가 있는 것도 아니었지만 일단 시작한 공부는 끝까지 해보고 싶었다.

공부를 시작하기 전에는 기초가 없어서 감히 엄두도 못 냈지만, 하면 할 수록 공부의 매력에 빠져들기 시작했다. 그때까지 나의 삶은 언제나 살아남기 위한 투쟁이었고, 늘 남들과 부딪치며 경쟁에서 이겨야 하는 줄 알았다. 배운 것이 없다는 자격지심에 더욱 남에게 안 지려고 목소리로 상대를 제압하려 하기도 했다. 교양이나 마음의 평온 같은 건 애초 내겐 사치였다.

그러나 공부는 그럴 필요가 없었다. 조용한 시간 속에서 집중하면 되고 쓸데없는 일에 신경 쓸 필요도 없었다. 오직 공부에만 몰입하는 시간이 너무 좋았다. 공부는 또한 내가 노력한 만큼 결과로 보답해 주었다.

2006년 4월에 초등학교 검정고시에 합격하고 3개월 뒤인 8월에 중학교 검정고시 합격, 이듬해 2007년 4월에 고등학교 검정고시 합격까지 모두 11개월 만에 끝냈다. 스스로 생각해도 놀라웠다. 못 배웠던 한이 깊었던 것도 있었지만 지금까지 이렇게 열정적인 삶을 살아본 적이 없었다.

큰딸도 상당히 놀라워했다. 검정고시 책을 나한테 사줄 때만 해도 이렇게 열정적으로 할 줄은 몰랐다고 했다. 끝까지 해낼 수 있을지도 의문이었고 한다고 해도 상당한 시간이 걸릴 줄 알았다고 했다. 나 역시도 건널 수 없는 강이었고 어렵다고만 생각했던 공부가 이렇게 쉽고 재미있을지 몰랐다.

사람들은 가보지 않은 길을 갈 때 누구나 처음에는 두려움에 사로잡힌다. 당연히 용기를 내기도 쉽지 않다. 끝까지 해보지도 않고 힘들면 중간에 포기하기도 한다. 그러나 그런 과정을 참아내고 성과를 이루고 나면 보상을 받았다는 생각에 무엇과도 바꿀 수 없는 희열이 느껴졌다.

나는 사람들에게 소리치고 싶었다. 내가 해냈다고. 그리고 막상 해보니까 별것도 아닌데 오랜 세월 동안 못 배웠다는 사실을 한으로만 여기고 살아온 나 자신이 부끄럽고 좀 더 일찍 시작하지 못한 것에 대한 후회도 밀려왔다.

2009년에 내가 살던 김천시에서 시 승격 60주년 행사로 지역 기네스북을 발간했다. 거기에 당당하게 초중고 검정고시 최단기 합격자로 내 이름이 올라갔고, 각종 언론과 지역 신문에도 내 이야기가 소개되었다.

나는 40대 후반 중년의 나이까지 무학으로 살았다. 그러다가 뒤늦게 배움의 필요성을 느껴 인생을 바꿀 수 있었다. 지금은 공부를 시작한 것이 내 인생에서 가장 잘한 일이라는 자부심으로 살아가고 있다.

처음 공부를 시작할 때는 무학을 벗어나 고등학교 졸업장이라도 따겠다는 것이었다. 그러나 한번 공부 재미에 빠지자 더 욕심이 생겼다. 대학은 어떤 곳일까? 늦었지만 지금이라도 대학에 가고픈 욕망이 생겼다.

대입 검정고시 시험 합격 결과 발표는 2007년 5월에 났다. 이미 올해는 대학을 갈 수 없었다. 그렇다고 내년에 입학할 때까지 손 놓고 기다리기에는 시간이 아까웠다. 그때 한자 공부를 하면 좋겠다는 생각이 들었다. 고등학교 졸업 자격증은 받았으나 검정고시 과목에는 한자가 없어서 한자를 공부할 기회가 없었다. 나는 그때까지 내 이름을 한자로 쓰지 못했을 뿐 아니라 一, 二, 三 등이 한자라는 것도 몰랐다.

'그래, 내년에 대학 입학할 때까지 한자 급수 시험에 도전해 보자'
새로운 목표가 생겼다.

그동안 공부하느라 지친 나 자신을 위해 두 달간 휴식을 취하고, 어느 정도 충전이 된 7월부터 본격적으로 한자 공부를 시작했다. 막연하게 노트에 쓰면서 한자 공부를 하는 것보다는 급수 시험에 도전하는 것이 더욱 효율적이겠다는 생각이 들었다. 처음엔 8급 한자 기출문제집을 샀다.

그런데 8급 문제지로 공부하기 시작한 보름 만에 8급에 나오는 모든 글자를 다 외워 버렸다. 일단 열 번씩 써보기로 시작한 8급 한자는 너무 시시할 정도로 쉬웠다. 굳이 8급 자격증 시험은 보지 않아도 될 것 같았다. 문제지 사는 돈을 아끼기로 마음먹고 바로 5급 기출문제집을 샀다.

그렇게 한자 공부를 시작한 지 4개월 만에 치른 한자 급수 5급 자격증 시험은 100점 만점으로 합격했다.

그다음 4급은 시험을 치르지 않고 문제지로만 공부했고, 바로 국가 공인 급수인 3급에 도전했다. 2008년 2월에 시험이 있었다. 그때는 김천 대학 '실버케어 보건복지과'에 수시로 지원하여 합격 통지서를 받은 후라 대학 입학 준비를 하면서 3급 한자 시험에 도전했다. 다행히 2008년 2월 국가 공인 3급 자격증 시험에도 무난히 합격했다.

05 48살, 늦깎이 새내기

Do you think life flows according to
Saju Palzha?

낮에는 생활비와 대학 등록금을 벌어야 했기에 야간 대학에 입학 원서를 냈다. 2월에 치른 공인급수 3급에 합격하고 3월에 대학에 입학하면서 시간은 너무 빠르게 지나갔다. 낮에는 미용실을 운영하고, 밤에는 야간 대학을 오가는 일상이 육체적으로는 힘든 나날이었다. 그러나 한편으로는 내 생애 최고의 날들이기도 했다.

내가 대학생이 되다니! 불과 몇 년 전만 해도 상상도 못 했던 삶이다. 세상에 다시 태어난 기분이 들었고, 지금까지와는 전혀 다른 삶을 사는 나 자신이 대견스러웠다.

낮에 미용실 업무로 지친 몸을 이끌고 저녁에 학교 정문을 들어서면 조금 전까지의 피로는 사라지고 젊은 시절로 되돌아간 듯한 기분에 몸이 날아갈 정도로 가벼웠다.

대학 입학식 날 있었던 일이다. 학교에서 신입생들에게 선물을 나눠주고 있었다. 학생들이 줄을 서 있기에 나도 그 대열에 줄을 서서 기다렸다. 내 차례가 돼서 들뜬 마음으로 앞으로 다가섰더니, 선물을 나눠주던 학생이 "학부모님은 해당이 안 되는데요."라고 하는 것이 아닌가?

순간 나는 멋쩍어서 뒤로 물러섰다. 그 학생에게 비쳤을 내 모습을 생각하니 웃음이 나왔다. "저도 학생인데요."라고 말하고 싶었으나 꾹 참고 혼자 실없는 웃음이 터져 나오는 것을 애써 참으며 발길을 돌렸다.

그때까지만 해도 나는 대학이 대단한 학문을 배우는 곳이라고 생각했었다. 그러나 막상 입학해 보니 한 달 정도는 거의 정상적인 수업이 이루어지지 않았고, 앞으로의 수업 방향을 계획하거나 MT 장소를 논의하느라 어수선한 분위기에서 지나갔다. 공부에 목말라 있던 나로서는 그 시간이 너무 아까웠다.

검정고시를 공부할 때는 주경야독으로 시간을 아껴 가며 보냈는데 대학은 회식에 참여하거나 특별한 과제물 없이 가방만 들고 왔다 갔다 하는 시간이 내겐 낭비라는 생각이 들었다. 마음속으로 '대학은 대단한 학문을 하는 전당이 아니라 대단히 공부하지 않는 곳이구나.'라는 느낌을 지울 수 없었다.

시간을 헛되이 보내지 말고 좀 더 효율적으로 보낼 방법이 무엇일까를 고민한 끝에 한자 공부를 계속 이어가기로 마음먹었다.

다음 한자 시험은 5월이었다. 학교 중간고사와 겹치는 때이다. 갑자기 기가 막힌 아이디어가 떠올랐다. 학교 수업 시간에 들었던 교수님 말씀을 노트에 기록하고 집에 와서는 그 내용을 옥편을 찾아가며 모두 한자로 쓰는 연습을 하기로 했다. 그렇게 하니까 학교 공부도 되고 한자도 익히는 일거양득의 효과를 거둘 수 있었다.

마침내 5월이 되어 중간고사도 무난히 치르고 한자 2급 시험에도 합격하는 성과를 거뒀다. 다음은 8월로 예정된 한자 1급이다. 대학이 방학이어서 그 기간을 최대한 활용하면 될 것 같았다.

방학이어도 낮에 미용실은 열어야 했기에 공부에 매진할 수 있는 시간은 오직 밤 10시 이후뿐이었다. 10시부터 새벽 2시까지 공부하고 아침 6시에 일어나는 일상이 이어졌다. 공부를 시작하고 나는 하루에 4시간 이상을 자본 적이 거의 없다. 안방 화장대도 화장품을 모두 치우고 책상으로 개조했다.

그렇게 악착같이 공부한 결과 8월 한자 시험에서 국가 공인 1급 자격증까지 취득했다. 한자 공부를 시작하고 10개월도 채 되지 않은 시점에서 이뤄낸 성과였다.

반면 대학 생활은 그다지 만족스럽지 못했다. 무조건 대학에 들어가기 위해 경쟁률이 낮은 과를 선택했었다. 입학은 했으나, 공부를 해보니까 학과에서 배우는 과목이 나와 맞지 않았다.

과목에 흥미를 잃자 자연히 수업 시간은 딴짓하기 일쑤였다. 그즈음 나는 전공보다는 한자 공부에 푹 빠져 있었다. 한자 1급까지 따고 보니 더 체계적으로 한자 공부를 하고 싶은 마음이 생겼다. 내가 입학한 대학은 2년제였기에 한문학과가 있는 4년제 대학으로 들어가고 싶었다. 하지만 전공과목이 흥미 없다고 중도에 포기할 수는 없는 노릇이었다. 졸업장이라도 따야 했기에 출석은 매일 했지만, 마음은 오직 한자 공부에만 쏠려 있었다.

당시 나는 노트값을 아끼기 위해 달력 뒷면이나 광고 전단 용지 뒷면을 활용해서 공부했다. 20년의 세월이 지나 누렇게 색이 바랜 당시의 연습장을 나는 지금까지도 버리지 않고 있다. 이 시기에 생긴 버릇일까, 나는 지금도 지난 달력을 뜯으면 이면지를 메모지로 활용한다.

한자 공부할 때 노트 값을 아끼기 위해 이면지 활용

내가 사는 김천시에서 가장 가까운 대학 중에 한문학과가 있는 곳을 조사했더니 대구에 영남대학교와 경북대학교가 있었다. 사립학교인 영남대학교는 비싼 등록금이 부담스러웠다. 국립대학인 경북대학교를 목표로 정하고 입학 과정을 살펴보았다. 수능 시험을 봐서 들어가는 건 검정고시 출신인 나로서는 불가능해 보였다. 경북대학교는 대구 경북에서 꽤 유명한 학교로 상위권의 학생들만 들어가는 곳이다.

하지만 간절히 원하면 이루어진다는 말이 있듯이 분명 길은 있을 것이라 스스로 되뇌었다. 경북대학교 홈페이지에 들어가서 찾은 한문학과 네 분의 교수님들께 메일을 보냈다.

나의 검정고시 과정과 한문을 체계적으로 배우고 싶은 열망을 자세히 적어 보냈더니 다행히 교수님 두 분이 답장을 보내 왔다. 교수님들은 시간제 학생 제도가 있다고 알려 주셨다. 정규 학생과 별도 정원으로 선발하는 시간제 학생이라는 제도는, 매 학기 두 명씩 뽑는데 나이 제한도 없고 수업은 똑같이 듣지만, 졸업장은 경북대 총장 직인이 아닌 교육부 장관의 직인이 찍힌다고 했다. 과목당 3학점씩 받아서 학점은행을 통해 졸업 가능한 학점을 모두 채우면 되는 제도였다. 내게는 너무나 반가운 소식이었다.

그런데 매 학기 두 명씩밖에 뽑지 않는다는 점이 마음에 걸렸다. 더구나 경쟁률에 대한 정보도 없었고, 한 학기가 끝나면 다시 접수해야 하는 번거로움도 있었다. 그러나 한번 해보는 거다. 이렇게라도 공부할 수 있는 길이 있다는 게 어딘가?

인터넷으로 접수 기간을 확인하고 필요한 서류를 준비해서 경북대로 향했다. 대구가 고향인 나는 어릴 때 가끔 버스를 타고 경북대 앞을 지나가곤 했다. 그때는 나와 다른 세계의 사람들이 다니는 곳이라고 생각했었다. 당시 무학이었던 나는 감히 올려다보지도 못했던 곳이 경북대였다.

서류를 들고 캠퍼스를 걷노라니 감회가 새로웠다. '내가 과연 이 학교 학생들과 같은 교실에서 공부할 수 있을까?' 생각만 해도 가슴이 벅차 올랐다.

그해 시간제 전형에는 총 3명이 응시했다. 그나마 경쟁자가 많지 않아서 다행이라는 안도와 함께, 그래도 한 명은 떨어져야 한다는 불안감이 교차했다.

면접 당일, 다른 응시자가 먼저 와서 대기하고 있었다. 그분은 이미 시간제에 응시해서 공부하고 있고, 다른 응시자도 벌써 3학기째 수업을 듣고 있다고 했다. 이미 경북대에서 공부하고 있는 사람들과 경쟁해야 한다는 생각이 들자 무척 불안했다. 면접을 담당하는 교수님이라면 현재 공부하고 있는 사람들에게 먼저 기회를 주고 싶은 마음이 드는 것이 당연한 이치가 아니겠는가.

그런데 이런 걸 천운(天運)이라고 하는 것일까? 오기로 했던 다른 한 명이 무슨 일이 있었는지 면접 당일에 오지 않았다. 운 좋게 나에게 기회가 온 것이다!

계획대로 경북대학교 입성은 성공했다. 그러나 내겐 생계와 관련하여 결정해야 할 중요한 문제가 있었다. 낮에만 운영하는 미용실이었지만 단골손님이 꽤 있어서 그나마 생계를 유지할 수 있었는데, 그건 야간 대학을 다녔기에 가능했다. 앞으로 다닐 경북대학교는 주간에 다녀야 한다.

더구나 김천에서 대구로 통학하게 되면 미용실 운영은 사실상 불가능해진다. 고민 끝에 내 꿈인 공부가 먼저라는 생각에 과감하게 미용실을 폐업하기로 했다. 어디서 그런 용기가 나왔을까? 쉽게 내린 결정은 아니지만 지금 생각해도 참 잘한 일인 것 같다. 하나를 얻으려면 또 다른 하나를 포기할 줄 아는 용기도 때로는 필요하다는 것을 그때 깨달았다.

경북대에 들어갈 때 내 나이는 50살이었다. 남들은 돈 벌어서 집 장만하는 것을 목표로 삼고 살아가는데, 나는 거꾸로 공부하기 위해 살던 집을 팔려고 내놓았다. 집이 팔리기 전까지 대출을 받아 대학 등록금으로 썼다.

대구에서 학교 수업을 듣고 김천에 도착하면 6시부터 저녁 9시까지 학생들에게 한자 급수를 지도했다. 2년제 대학 졸업장이 있고 한자 공인급수 1급 자격증도 있어서 교육청으로부터 공부방 개업 허가를 받을 수 있었다.

미용실 아줌마에서 한문 선생으로의 인생 2모작이 그때부터 시작되었다.

06 50살, 미용사에서 한문 강사로

Do you think life flows according to
Saju Palzha?

미용실은 생계를 위해서 했다면, 한자 공부는 내가 좋아서 시작했고 하다 보니 어느새 그것이 직업으로 바뀌었다. 나 스스로 놀라웠다. 불과 몇 년 전만 해도 무학의 아줌마였는데 공부를 시작하고 5년도 채 안 돼서 2년제 대학 졸업장과 국가 공인 한자 1급 자격증을 취득하고 지금은 어엿한 한문 선생님이 되어 있었다. 마치 내 인생에서 쓰나미가 지나간 것만 같은 급격한 변화였다.

아이들을 가르친다는 것이 쉽지는 않았지만, 오히려 그때 나는 교학상장(敎學相長)을 이룬 시기였다. 아이들을 가르치기 전에 내가 더 많이 공부해서 수업에 임해야 했기에 통학하는 기차 안에서 그날의 수업 분량을 미리 살펴보곤 했다. 그러다 보니 나의 한자 실력도 자연히 늘었다.

아이들을 가르치는 데 보람을 느낀 나는 동네 아동센터에서 무료 봉사로 일주일에 한 번 한자 급수를 지도했다. 교재가 따로 있던 것도 아니다. 아동센터는 시에서 운영하는데 이곳 아이들은 대부분 경제적으로 넉넉한 편이 아니었다.

교재비 부담을 덜어주려고 각각의 아이들 수준에 맞춘 개별 학습지를 직접 만들어서 무료로 나눠줬다. 처음엔 한자를 어렵게만 생각하던 아이들도 파자(破字) 형식으로 가르쳐 주자 무척 재미있어하며 잘 따라와 주었다.

동네 어귀에서 가끔 아이들과 마주치면 "선생님" 하며 반갑게 달려와

인사도 했고 일주일에 한 번 있는 수업을 기다린다는 아이들도 있었다.

어느 정도 수업이 진행된 후, 아이들의 한자 실력도 평가해 볼 겸 복지관에 아이들이 한자 급수 시험을 치르게 해달라고 부탁했다. 복지관 측도 흔쾌히 승낙해서 한자 수업을 듣는 아이들이 모두 급수 시험에 도전하게 되었다.

시험에 응시한 학생 모두 합격

그 결과 응시한 학생 전원이 시험에 합격하는 놀라운 일이 일어났다. 교사와 학생들이 마음을 합쳐 열심히 노력한 결과였다. 처음으로 치른 한자 급수 도전 결과가 예상보다 좋게 나와 너무 기뻤다. 당시 지역 신문엔 아동센터 학생들이 한자 시험에 전원 합격했다는 기사가 실리기도 했다.

그 외 각종 언론에는 만학도인 나의 이야기가 소개되었다. 배움을 시작하고 나서 내 인생은 이전과는 전혀 다른 삶으로 바뀌었고 매 순간이 최고라고 생각될 정도로 하루하루가 행복했다.

KBS 대구 아침 마당

오늘의 Focus II

2013.04.2

50에 시작한 공부

경북 김천에서 미용실을
운영하며 결혼하고 아이 낳고
평범하게 살아온 고정숙씨,
뒤늦게 시작한 공부로 50대를
맞이했다. 현재 대학생이지만
짬짬이 학생들을 가르치는
'한문 선생님'이다

　　지역아동센터에서 봉사하면서 보람을 느낀 나는 교도소에도 봉사를
나가게 되었다. 김천에는 전국 유일의 청소년 교도소가 있다. 재소자가
성인이 되기 전까지 미성년자들을 수용하는 곳이다.

　　교도소 측에 교육 봉사를 하고 싶다는 뜻을 밝히고 답이 오기를 기다
렸다. 6개월이 지나도 연락이 오지 않았다. 안 되나 보다 하고 잊고 있었
는데, 어느 날 교정 담당자에게서 전화가 왔다. 다음 주부터 인문학 강
의를 해달라는 것이다. 속으로 쾌재를 불렀다. 너무 하고 싶었던 봉사였
기 때문이다.

그곳에는 나처럼 힘든 가정환경 속에서 배움의 시기를 놓친 아이들이 많았다. 부모의 이혼으로 한 부모 가정에서 자란 아이들이 안타깝게도 순간의 실수로 죄를 짓고 들어온 경우였다.

재소자들이 무서울 거라는 우려와는 달리 의외로 순수한 친구들도 있었다. 표정이 선하고 눈빛이 따뜻해 재소자라고는 믿어지지 않을 정도로 착한 아이들도 있었다. 그런 아이들을 볼 때면 안타까운 마음이 들었다. 한 명 한 명의 아이들과 마주하노라면 이곳에 오기까지 그들이 겪었을 수많은 사연에 가슴이 아팠다. 이들이 여기에 온 것이 어떻게 저들만의 잘못이 겠는가? 이 아이들을 지키지 못한 가정, 사회, 우리 모두의 잘못이겠지.

나는 주로 『논어』, 『명심보감』의 좋은 글귀 가운데서 교훈이 될 만한 소재들을 수업 자료로 준비해서 갔다. 그리고 무학부터 시작해서 지금 까지 공부해 온 내 얘기도 들려주었다.

"이 나이에 저도 여기까지 했으니 여러분들도 할 수 있습니다. 젊은 여 러분들은 저보다 더 많은 기회가 기다리고 있어요."라고 용기를 주는 것을 잊지 않았다. 그러면 어떤 아이들은 귀를 기울이고 열심히 듣는데 어 떤 아이는 "선생님이니까 가능하지요."라며 냉소적인 표정을 지어 보이기도 했다. 그럴 때마다 나는 더욱 용기와 희망을 주려고 노력했다.

실제 그곳은 명칭이 교도소이고 사회와 격리되어 자유를 누리지 못할

뿐이지, 본인들이 원하는 것은 모두 배울 수 있도록 지원해주고 있었다. 검정고시에도 도전할 수 있었고 사회에 나가서 활용할 수 있는 각종 자격증반까지 두루 갖추어져 있었다. 수감자들을 위한 음악회도 열렸고, 악기도 배울 수 있는, 학교와도 같은 곳이었다.

"교육비 공짜, 무료 숙식 제공에 여러분들이 원하는 모든 것을 배울 수 있습니다. 아무나 입학할 수 있는 곳이 아닙니다. 여러분들은 국가로부터 특혜를 받은 장학생들입니다."

그랬더니 어떤 아이가 볼멘소리로,
"저는 공짜로 재워 달라고 한 적 없는데요."
라고 하며 시큰둥한 반응을 보였다.

그 아이들의 마음을 모르는 것은 아니지만 나는 사회가 그들을 버리지 않았고, 그들 모두는 이 나라를 이끌어갈 소중한 존재라는 사실을 끊임없이 알려주고자 노력했다.

진솔하고 친근하게 수업을 해나가려고 노력하다 보니 처음엔 굳은 표정과 경계의 눈초리로 나를 대하던 아이들도 조금씩 내게 마음을 열어주기 시작했다.

그때부터 나는 수업 시간마다 열심히 공부하는 학생을 한 명 선별해서 영치금을 만 원씩 넣어주었다. 큰돈은 아니었으나 수업 분위기는 더욱 고조되는 효과를 봤다. 될 수 있으면 공평하게 주려고 매번 같은 아이에게 주지 않고 돌아가며 주었다. 그곳에서 만 원이면 일주일 동안 과자와 같은 간식을 사 먹을 수 있었기에 아이들은 내 수업 시간을 더욱 좋아하고 기다렸다.

어떤 땐 수업을 위해 운동장을 가로질러 들어가면 축구게임을 하던 아이들이 해맑은 표정으로,
"한문 선생님!"
하며 손을 흔들어 보이고 소리쳐 반겨 주기도 했다. 그럴 때는 전혀 죄를 짓고 이곳에 들어온 아이라고 보이지 않을 만큼 순수한 모습이었다.

대구로 통학하면서 일주일에 한 번 시간을 내어 교도소 수업을 이어갔다. 교도소 수업이 있는 날은 오전만 학교 수업을 잡고, 오후는 비워두었다. 오전에 두 과목을 듣고 나면 12시가 된다. 교도소 수업은 오후 2시부터였다. 뒤돌아볼 시간도 없이 기차역으로 향했고 점심도 기차 안에서 간단하게 때워야 겨우 시간을 맞출 수 있었다.

오전에는 '모범생'이라고 불리는 명문대 학생들과 함께하고, 오후에는 '범죄인'이라고 불리는 아이들과 함께하는 내 일과가 아이러니하기도 했고, 그런 삶을 살아가는 내 모습이 신기하기도 했다.

내가 만약 여자가 아닌 남자로 태어났다면 어느 부류에 속했을까? 다혈질적인 내 성격으로 봐서는 공부하지 않았다면 교도소 아이들과 함께

있지 않았을까 하는 엉뚱한 생각도 가끔 해본다.

그즈음 '법무부 교정본부'에서 전국에서 활동하는 교정 위원들이 수감자들과의 일상에서 느낀 점을 수필 형식으로 모아 『희망을 만들어 가는 사람들』이라는 책으로 출간했다. 물론 모든 글이 다 수록되는 것은 아니다. 떨리는 마음으로 글을 써서 보냈더니 다행히 내 글이 채택되었다. 내가 희망을 만들어 가는 사람이 되었다는 생각이 들어 감회가 새로웠다.

전국 교정위원들이 참여해서 펴낸 책에 내 글이 실려있다.

나는 교도소에서 학생들을 가르치는 것과 동시에 교정 위원으로도 활동했다. 지역에 뜻있는 사람들이 얼마간의 회비를 모아 교도소 재소자들에게 도움을 주는 모임이었다. 각계각층의 인사들로 구성된 그 모임에는 종교계에 종사하시는 분들도 계셨다. 스님, 목사, 신부님들은 종교는 달랐지만 교도소 안에서 봉사할 때는 모두 한마음 한뜻으로 함께했다.

설날과 추석에는 떡을 해서 나눠 주기도 하고, 무더운 여름에는 생수를 사서 나눠 주기도 했다. 종교계 인사들은 아이들을 올바른 길로 인도하기 위해 기도도 해주고, 개인 상담을 하며 아이들의 고충을 어루만져 주기도 했다.

우리 사회는 어두운 면도 많이 있으나 이분들처럼 자신을 드러내지 않으며 묵묵히 봉사하는 분들이 있기에 정의로운 사회로 나아가고 있다는 생각이 들었다.

나는 책임감이 강한 편이다. 무슨 일이든 시작하면 열정적으로 하는 편이고 대충 넘어가는 성격이 아니다. 그래서였는지 교정 위원으로 활동할 때도 열심히 했다고 대구지방교정청장으로부터 표창장을 받았다.

아동센터와 교도소에서 봉사 활동을 하고 집에서는 학생들에게 한자 급수 개인 지도를 하면서 나는 미용실 아줌마에서 한문 선생으로 환골탈태한 완전히 바뀐 삶을 살고 있었다.

그때 초등학생이었던 아이들은 이젠 어엿한 대학생이 되었다. 아이들은 학교 선생도 담임도 아니었던 나를 대학생이 된 지금까지 기억해 주고 새해 인사를 보내곤 한다. 오랜 세월이 흐른 지금까지도 내게 안부를 물어 주는 아이들이 고맙고 대견하다.

　며칠 전에는 한 아이가 군에 입대한다는 인사를 전해오며 머리 깎는 모습을 사진으로 보내왔다. 세월이 참 빠르다는 생각이 새삼 들면서 그나마 지나온 세월을 헛되이 보내지 않았다는 것이 뿌듯하다.

07 53살, 학사모를 쓰고

Do you think life flows according to Saju Palzha?

4년간 대구로 통학하면서 밤늦은 시간까지 학생들에게 과외를 하고 또 틈틈이 지역에 봉사 활동을 하면서 졸업이 가능한 학점을 모두 이수했다. 정말이지 눈코 뜰 새 없이 바쁘게 보낸 시간이었다. 일분일초도 헛되이 보내지 않았던 것 같다. 그 시절 나는 돈보다 시간을 더 아껴 썼다.

이전에 만나서 술잔을 기울이며 담소를 나눴던 친구들을 잠시 멀리했고, 그들과 전화 통화하는 시간도 줄였다. 사적인 시간을 줄이고 오롯이 공부와 봉사하는 데만 할애했다. 노력한 만큼 얻은 것도 많았고 보람도 있었다.

공부하기 전의 나는 살아남기 위해 처절하게 몸부림치는 삶이었다면, 배움을 즐기는 지금의 나는 누가 시켜서 하는 게 아니라 나 자신이 즐겨서 하고, 내가 좋아하는 것만 하고 사는 삶이다.

그 당시 친정어머니를 비롯한 많은 사람이 내게 이런 질문을 해 왔다.

"그 나이에 공부해서 뭐 할 건데?"

꼭 뭘 하려고 공부를 시작했던 건 아니었다. 못 배운 것에 한이 많았고 어린 나이에 산업 전선에 뛰어들어 갖은 고생을 하다가 도피처로 삼은 결혼조차 행복하지 않았기에 '나의 행복을 찾기 위해서'라고 한다면 답이 될까? 아니면, 암 수술을 세 번 받으면서 죽을 고비를 넘기고 나서 눈에 뵈는 게 없어서 그렇다고 해야 할까?

나는 그냥 공부가 세상에서 제일 재미있고, 공부하는 시간만큼은 남들과 부딪힐 일도 없고 노력한 만큼 결과가 나오는 것이 신나서 한 것뿐이다. 나는 외출할 일이 있으면 책 한 권은 꼭 챙겨서 나설 정도로 손에서 책을 놓지 않았다.

한문학과 교재는 유난히 무겁다. 『논어』, 『맹자』, 『고문진보』와 같은 고전이 교재이다 보니 하루에 수업이 네 과목 잡혀 있는 날은 그야말로 가방 무게에 이끌려 걸어 다녀야 했다.

학교에 사물함은 있었지만 대부분 일반 학생들이 차지하고 있었고 나처럼 시간제 학생에게 돌아올 공간은 부족했다. 학생들에게 부탁하면 되겠지만 이 나이에 젊은 아이들에게 폐를 끼치는 것 같아 말도 꺼내지 못했다. 무엇보다 그날 배운 내용을 집에 와서 복습하는 습관 때문에 더더욱 학교에 책을 두지 않고 들고 다녔다.

경북대로 가는 버스는 늘 만원이었다. 대구역에 내려서 버스 타는 곳까지는 얼마 되지 않았지만, 아침마다 학교까지 가는 버스를 타고 이동하는 것은 전쟁이었다. 대부분 더 태울 자리가 없어서 버스가 그냥 통과하는 날이 많았다.
처음엔 시간에 쫓겨 거금을 들여서 혼자 택시를 타기도 했지만, 점점

요령이 생겼다. 학생처럼 보이는 젊은이들에게 목적지를 물어보면 대부분 경북대라고 했다. 나는 네 명을 섭외해서 합승하는 방법으로 4년을 통학했다. 사람 가리지 않고 말 걸기를 좋아하는 내 성격이 한몫한 결과다. 그 방법을 터득한 후로는 아침마다 겪었던 버스와의 전쟁에서 벗어날 수 있었다.

그렇게 4년이라는 시간이 흐르는 동안 어느새 학점은 차곡차곡 쌓여 졸업 점수를 모두 채웠다.

졸업식은 전국에서 학점은행제를 통해 공부한 사람들을 한자리에 모아 놓고 서울에서 했다. 서울까지 거리도 멀었지만 그 당시 한자 공부방에 수강생이 늘어 자리를 비울 수 없었다. 행사에만 참석하고 돌아오려니 도저히 시간에 쫓겨 허덕일 것 같아 졸업식에는 불참하기로 했다. 나중에 우편으로 받은 학위증에는 '교육부 장관'의 직인이 찍혀 있었다.

아쉬웠다. 4년을 새벽에 일어나서 기차 타고 김천에서 대구까지 통학하고 경북대학교에서 젊은이들과 같은 교실, 같은 교수님한테 배웠음에도, 시간제 학생이었기에 경북대학교 총장이 주는 학위증은 받을 수 없었다.
그때 갑자기 오기가 생겼다. 여기서 학업을 끝낼 수 없다. 대학원은 정상적으로 시험을 봐서 들어가기로 마음먹었다. 꼭 경북대학교 총장 직인이 찍힌 졸업장을 받고 말겠다고 다짐했다.

08 54살, 교수보다
나이 많은 대학원생

Do you think life flows according to
Saju Palzha?

경북대 대학원 입학 전형은 필기시험을 치러야 했다. 한문학과 시험에서 가장 어려웠던 점은 띄어쓰기도 하지 않은 긴 한문을 해석하는 것이다. 전체 내용을 모르면 인명(人名)인지 지명(地名)인지조차 알 수 없다. 또 시대적 배경을 파악해야 하므로 반드시 고전 원전 해석본으로 공부를 많이 해야 했다.

두문불출하고 대학원 입시 공부에 매달렸다. 그러나 1차에서는 낙방했다. 하지만 실망하고 허탈한 기분에 젖어 있는 시간도 그때는 낭비라고 생각하고 시간을 아껴 가며 재도전했다.

웬만한 모임은 참석하지 않는 것을 원칙으로 하고 사람들을 만나는 것도 자제한 채 공부에만 몰입했다. 그러던 어느 날 꼭 참석해야 하는 자리가 있어 모처럼 모임에 나간 일이 있었는데, 그곳에서 우연히 이철우 전 김천시 국회의원을 만났다. 마침 내 지인 중에 그분과 친분이 있는 이가 있어 이 의원과 잠깐 대화하는 시간을 가졌다. 내가 경북대 대학원 입시 준비 중이라고 소개하니까 이 의원이 자신도 경북대 출신이라면서 반가워했다. 그러면서 내가 만일 경북대 대학원에 합격하면 장학금을 주겠다고 했다. 나는 속으로 쾌재를 불렀다.
'난 꼭 합격할 거니까.'

사람들은 내게 희망을 주거나 격려하기보다 부정적인 시선으로 바라보는 경우가 더 많았다. 나이 50대 중반이 훨씬 넘은 여자가 공부는 해서 뭐 할 거며, 또 그 나이에 석사 학위는 따서 뭐 할 건가? 어떤 친구는 "등록금이 아깝지 않냐?"라고 묻기도 했다.

"대학 등록금이 한두 푼도 아니고 그 돈 있으면 해외여행도 다니고 명품도 좀 사고, 여자 나이 중년이면 어느 정도 꾸미고 자기를 가꿔야지 청승스럽게 공부가 뭐냐?" 이런 식이었다.

대구에서 첫 수업이 오전 9시에 시작하니까 김천에서 7시 28분 기차는 꼭 타야 했다. 새벽부터 일어나서 부지런히 준비해야 하니 외모를 가꾸는 일에는 신경을 쓸 수 없었다. 그냥 식구들 밥 차려 주고 책가방 들고 청바지에 잠바 하나 걸치고 운동화 신고 나오기 바빴다.

불필요한 지출은 하지 않으려고 아낄 수 있는 것은 최대한 아꼈다. 버스비를 아끼려고 집에서 김천역까지 빠른 걸음으로 30분 정도를 걸어 다녔다. 그러다 보니 자연스럽게 편한 복장에 운동화만 신고 다니게 되었다.

기차는 한 달씩 정기권을 끊어서 통학하다 보니 정해진 좌석은 따로 없었다. 운 좋게 빈자리가 있으면 앉아 갈 때도 있었지만 그런 행운은 드물었다. 이른 아침 기차 안은 출근하는 직장인들과 나 같은 학생들로 가득했기 때문이다.

하루는 기차 안에서 오래된 친구를 만났다. 친구는 나를 보더니 "너는 왜 이렇게 구질구질하게 사니?"라고 하면서 나를 위아래로 훑어보기 시작했다.

친구가 보기에 나이에 어울리지 않는 옷차림에 대학생이랍시고 책가방을 들고 다니는 나의 행색이 안쓰러웠던 모양이었다.

"너는 이른 아침에 어디 가는데?"
나도 딴청을 부리며 그 친구에게 되물었다.
"나? 구미 성형외과에 점 빼러 가."

그러고 보니 내 친구들은 얼굴의 잡티나 기미, 점 등을 빼는 데 열심이어서, 잘한다는 성형외과를 찾아다니는 게 일이었다. 나는 피부과나 성형외과 같은 곳에는 관심이 없었다. 오로지 관심사는 공부, 대학원 입학에만 있었다.

나는 화장실에 갈 때도 책을 갖고 들어가는 습관이 있다. '손에서 책을 놓지 않는다'라는 수불석권(手不釋卷)이란 이런 것일 테다. 요즘은 고전 책도 한 손에 잡힐 만큼 작은 책으로 나온 게 있어 화장실에 갈 때 요긴하게 읽는다.

시험 당일, 그날도 어김없이 책을 들고 가서 한문 공부를 했다. 총 네 과목의 시험을 봐야 하는데 다른 과목도 쉬운 건 아니었지만 문장 한

단락을 통째로 해석하는 시험이 가장 부담스러웠다. 대학 시절에 배웠던 고전 중에 어떤 것이 나올지 모르는 상황이었다.

그런데, 우연이라고 하기에는 너무 기막힌 일이 일어났다. 그날 아침 화장실에서 공부한 『맹자』 한 단락이 그대로 시험에 나온 것이다. 당연히 자신 있게 답을 써 내려갔고, 시험을 끝내고 교실을 나올 때는 '하늘이 나를 돕는구나.'라는 생각이 절로 났다.

같은 시간제 학생으로 공부한 선배는 시험을 마치고 나오면서, "고 선생, 이번 시험은 맹자가 엄청 어렵네."라고 말을 걸어왔다. 나는 오늘 아침에 복습한 내용이 시험에 나왔다고 신이 나서 선배에게 한참을 이야기했다.

대학원 입시에 두 번째 도전한 끝에 드디어 합격 통지를 받았다. 이제는 젊은 학생들 눈치를 보지 않아도 되고, 학기마다 시간제 학생으로 재수강 신청을 하는 번거로운 수고도 할 필요가 없게 됐다. 나도 시간제 학생이 아닌 경북대학교 대학원의 당당한 학생이 된 것이다.

운? 시험 당일 운이 좋아서일까? 아니면 하늘이 열심히 하는 사람을 도와서일까?
나는 시험공부를 하는 동안 주변 사람들에게 꼭 대학원에 합격할 거라는 말을 대놓고 하고 다녔다. 혹시 나 자신이 나약해져서 포기할까 두려워서 더 그랬다. 사람들에게 내 입으로 호언장담을 해놓았으니, 그

것을 지키려고 노력할 것이고, 내 말에 대한 책임감에 더욱 열심히 할 거라는 생각이 들었기 때문이다. 그래서 이철우 의원을 만난 자리에서도 대학원에 들어갈 거라는 얘기를 했었다.

합격증을 출력해서 맨 처음 찾아간 곳이 이철우 국회의원 사무실이었다. 그때 장학금 주기로 한 약속을 지켜 달라고. 아마도 워낙 많은 사람을 만나고 다니니까 본인이 한 말을 기억하지 못할 수도 있다고 생각했으나 그분은 고맙게도 약속을 지켜주셨다. 당시 이 의원은 지역에서 '단비장학회'를 운영하고 있었다.

분기마다 지역 학생들에게 장학금을 주고 있었는데 거기에 나를 불러서 공식적으로 장학금을 주었다. 그때 받은 장학금은 이백만 원이었다. 공부에 집중하느라 경제적으로 여유가 없던 내게는 그야말로 단비 장학금은 단비와도 같은 돈이었다.

오른쪽이 당시 김천 국회의원 이철우

봐라! 말한 대로 이루어지잖아. 전혀 가능성이 없다고 생각한 일도 노력하면 이뤄지는 법이다. 가까운 친구는 물론이고 가족, 내 주변인 중 누구도 내가 경북대에 입학할 거라고는 생각하지 않았다.

"설마 네가? 경북대를?"

이런 분위기였다. 가까운 친구는 물론이고 큰딸을 제외한 가족들 모두 나를 믿어주지 않았다.

경북대학교에 들어가면 입학한 학생의 고등학교나 동네에는 현수막이 걸리곤 한다. 그런 명문대를 검정고시로 초중고를 졸업한 내가, 그것도 54살이라는 나이에 해낸 것이다.

나는 암을 치료하기 위해 1년 6개월이라는 짧은 기간에 세 번의 전신마취를 했다. 전신마취를 하면 뇌세포가 손상을 입고 심지어는 수명이 단축된다는 이야기도 있다. 전신마취 탓인지 나이 탓인지 내 기억력과 암기력은 다른 사람들보다 많이 뒤처지는 편이었다.

그래서 더욱 열심히 "나는 경북대학교 대학원에 반드시 입학할 것이다!"라고 떠들고 다니며 나에게 최면을 걸었다. 어쩌면 나 자신이 포기하게 될까 봐 두려워서 그랬는지도 모를 일이다.

대학원 합격 통지서를 받고 난 후에는 매일 구름 속을 떠다니는 것 같았다. 빨리 학교에 가고 싶다는 생각에 잠이 오지 않았다. 입학 날짜만

손꼽아 기다렸다.

드디어 입학식 날이 다가왔다. 부푼 가슴을 진정시키며 그토록 기다렸던 입학식에 참석했으나 뜻밖의 광경에 웃음이 터지고 말았다. 대학생들은 많이 참석했지만, 대학원생은 나 혼자뿐이었던 것.

새내기 대학생을 위한 자리에는 학생들이 꽉 차 있었고 대학원생을 위한 자리는 텅 비어 있었다. 요즘 대학원생들은 입학식에 참석하지 않나보다. 하긴 대학원생 정도면 나이도 어느 정도 들었고 직장에 다니는 사람도 있을 텐데 누가 애들처럼 입학식에 오겠는가.

그대로 발길을 돌리기가 왠지 서운해서 주변 학생에게 사진을 한 장찍어달라고 청해 사진만 찍고 집으로 돌아왔다.

대학원에 다닐 때는 4년을 대구로 통학한 경험이 있었기에 학부 시절보다 마음의 여유가 있었다. 대학원은 채워야 할 학점도 적었고 수업도 일주일에 두 번 정도만 가면 됐다. 그 대신 주로 발표 위주로 수업이 진행되다 보니 자료도 많이 찾아봐야 했고 혼자 공부해야 할 양도 많았다.

암기가 잘 안 되는 나는 속성으로 외워서 공부하는 스타일이다. 아무리 열심히 암기해도 돌아서면 잊어버린다. 속성 암기법은 그래서 터득한 나만의 공부법이다. 그것도 안 되면 반복해서 몇 번이고 노트에 써서 기록하는 방식으로 공부했다.

대학원 첫 수업, 학부 시절 시간제 학생이었을 때는 자식뻘 되는 아이들에게 폐를 끼칠까 미안해서 항상 맨 뒷자리에 앉았다. 그러나 이제는 당당하게 시험을 봐서 합격했기에 주눅이 들 이유가 없었다. 게다가 석사과정은 학부 때와 달리 연령대가 천차만별이었다. 젊은 학생도 있었으나 한문학과 특성상 고전을 배우다 보니 나보다 연장자인 분들도 몇 분 계셨다.

나는 앞에서 두 번째 줄에 앉았다. 노안(老眼)에 집중력도 떨어져서 최대한 교수님 가까이에서 수업을 듣기 위해서였다. 교수님이 들어오셨다. 나를 보더니 깜짝 놀라며 "대학원 들어오셨어요?"라고 물었다.

어안이 벙벙한 표정이었다. '내가 저 학생을 합격시켰다고?' 라고 생각하시는 듯했다. 사실 학부 시절에 나는 그 교수님께 찍혀서 미움을 많이 받았다. 나이 든 아줌마가 공부하러 왔으면 아이들에게 모범이 돼야 하는데 수업 시간만 되면 머리가 땅에 닿을 정도로 졸기만 했으니 얼마나 미웠겠는가? 하필이면 그 교수님 수업이 점심 직후여서 더 졸았던 것 같다.

　나는 필사적으로 졸지 않으려고 끝이 뾰족한 작은 자석을 가지고 다니며 허벅지를 눌러가면서 졸음을 참아보려고 무진장 노력했다. 하지만, 내려앉는 눈꺼풀의 무게는 이기지 못했다.

　당시 나는 새벽 5시에 일어나서 식구들 아침을 차려 놓고 김천역까지 걸어 다녔다. 대구에서 수업이 끝나고 집으로 갈 때도 걸어 다녔고, 집에 도착하면 밤 9시까지 학생들에게 한자 개인 지도를 했다. 일과를 마치고 10시 이후에는 학교 과제물을 준비하다 보니 늘 잠이 부족했다. 그러니 점심 먹고 난 후 오후 수업은 언제나 졸음과의 전쟁이었다. 당연히 학부 4년 동안 그 교수님은 나한테 시선 한번 주지 않았다.

　교수님이 보기에는 학교에 와서 수업 시간에 졸기만 하던 아줌마가 대학원 필기시험을 통과했다는 것이 도저히 믿기지 않으셨을 것이다. 더구나 내가 경북대학교에 들어와서 처음으로 치른 중간고사 시험 중 빵점을 맞은 것도 그 교수님 과목이었다. 한문 해석을 전혀 못 했었다. 내가 공부했던 한자 급수 시험은 한자 익히는 수준이었지 한문 해석 공부는 대학교에 들어와서 처음 배웠다.

　교수님은 『맹자』 시험 문제를 낸 분이었다. 그런데 그 어려운 맹자를 완벽하게 해석했으니, 그게 이 아줌마라고는 상상도 못 하셨을 것이다. 교수님들은 학생의 수험번호와 이름을 가리고 답안지를 채점한다고 들었다.

교수님은 수업 시간 내내 믿기지 않는다는 시선을 나에게 보내 왔다.

학부 때 미움받은 것을 석사과정에서는 만회했어야 했는데 나는 그러지를 못했다. 하필 그 교수님 수업 시간에 내가 또 대형 사고를 쳤다. 수업 시간에 내가 발표하는 차례였다. 나름대로 열심히 준비했지만, 교수님은 내 자료를 보고 크게 화를 내셨다. 그날 무안당한 일은 세월이 흐른 지금까지도 생생하게 기억되고 잊히지 않는다.

많은 학생이 있는 자리에서, 내가 준비한 발표 자료를 책상에 툭 던지며, "내가 오늘 이걸 발표 자료라고 수업을 진행해야 할지 고민했다. 내용은 물론이고 형식도 갖추지 않았다."라고 쏘아붙였다.

이렇게 시작한 꾸지람은 눈물이 쏙 나올 정도로 나를 후벼팠고, 그것도 아주 긴 시간 동안 이어졌다. 잘못된 부분을 지적하실 때마다 부끄럽고 창피해서 고개를 들 수 없었다.

그 와중에도 나는 속으로 '고정숙, 참 인간 많이 됐다.' 이런 생각이 들었다. 공부하기 전에 나는 타인과 언쟁을 벌일 일이 있으면 잘잘못을 떠나 내 목소리가 더 컸었다. 그리고 악으로, 깡으로 꼭 남을 이겨 먹어야 성질이 풀렸다.

그전 같으면, "에이, 더러워서 안 배우고 만다." 하고 자리를 박차고 밖으로 나갔을 것이다.

그런데 지금 나는 귀까지 벌겋게 달아오르는 모멸감을 꾹 참으며 장시간 이어진 교수님의 질책을 그대로 듣고 있었다. 그리고 마지막 한 방,

"수업 끝나고 선배들이 저 학생 제대로 코칭 좀 해주세요."

교수님 말대로 수업이 끝나고 박사 과정을 밟고 있는 선배 한 분이 나를 자기 옆으로 부르더니 하나씩 가르쳐 주었다. 나는 어릴 때부터 체계적으로 배우지 못했다. 수박 겉핥기식으로 검정고시 졸업 후 대학원까지 왔으니 기본이 없어 엉성한 건 당연한 결과다. 가장 많이 지적당한 것이 '문장부호'였다. 문장 내용도 중요하지만, 문장부호를 정확히 해야 한다는 것도 그때 알았다. 학부 시절에는 발표를 혼자 하지 않고 조별로 했다. 내가 속한 조는 젊은 학생들이 발표지에 내 이름만 기재해 줬고 연구하고 조사하는 건 학생들이 모두 했다.

그럴 때마다 학생들에게 미안한 마음에 커피 한 잔씩 마시면서 하라고 약간의 커피값을 쥐여 준 게 전부다. 그동안 많은 발표지를 봐 왔으면서도 문장부호가 어떻게 쓰이는지 눈여겨보지 않았던 것이 오늘 이런 결과를 불러일으킨 것이다.

눈물이 쏙 빠질 정도로 혼은 났지만, 그 시간을 잘 견뎌 냈다는 안도감과 함께, 이제부터는 제대로 공부해야겠다는 생각이 들었다. 그때 호되게 혼내 주셨던 교수님을 떠올리면 참으로 고맙다.

나는 입학시험도 두 번 만에 합격했고 졸업시험도 두 번 만에 통과했다. 첫 시험에 떨어지고 나서 충격을 받은 나는 두 번째 시험을 대비할 때는 모든 과목을 읽고 정리하는 데 그치지 않고 필기에 몰두했다. 시험에 출제될 만한 내용을 몇 번씩 반복해서 썼는지 기억이 나지 않을 정도로 수차례 반복해서 쓰고 또 썼다.

시간만 나면 책상에 앉아 써보기를 반복했더니 어느 정도 자신감이 생겼다. 이제는 어떤 문제가 나와도 자신 있게 답을 쓸 수 있을 것 같았다. 암기는 자신 없었지만 계속 쓰면서 눈으로 익히고 머리에 저장하니까 어느 순간 손가락이 저절로 답을 찾아 쓰고 있었다. 머리보다는 몸이 익숙해지는 것 같은 느낌이 들었다.

졸업시험을 볼 때 내 나이는 55살이었다. 오랜 시간 책상에 앉아 있다 보면 눈도 침침했고 돋보기를 쓰지 않으면 안 될 정도로 글씨가 눈에 들어오지 않았다. 허리도 아팠고, 다리에 혈액 순환도 제대로 되지 않는 것 같았다. 그런데 어디서 그런 독기가 나왔을까? 돌이켜 보면 공부에 미치지 않고서는 그런 에너지가 나올 수 없었다.

'천재는 노력하는 자를 이길 수 없고 노력하는 자는 즐기는 자를 이길 수 없다.'

공자도 '아는 자는 좋아하는 자만 못하고(知之者不如好之者) 좋아하는 자는 즐기는 자만 못하다(好之者不如樂之者)'라고 했다.

논어(論語) 옹야편(雍也篇) 제6(第六) 18장(章)에 나오는 구절이다. 노력해서 배우고 아는 것도 좋지만 그 으뜸은 말없이 즐기는 사람이다.

나는 여기에서 노력하는 자와 즐기는 자에 속한다고 생각한다. 공부하는 과정을 즐겼고, 부족한 부분은 노력으로 채워 왔다.

주변 사람들은 내게 대구까지 통학하는 게 힘들지 않냐고들 했다. 물론 기차 시간을 놓쳐서 학교에 지각할까 봐 노심초사했던 시간은 힘들게 느껴졌다. 그러나 학교 캠퍼스를 지나 강의실로 향할 때는 책이 무겁다는 생각도 들지 않았고 여기가 천국이라는 착각이 들 만큼 행복했다.

이렇게 똑똑하고 멋진 학생들과 어깨를 나란히 하고 같은 공간에서 공부하다니, 이런 행운을 이 나이에 누릴 수 있다는 것이 꿈만 같았다.

'까짓것 성적이야 꼴찌면 어떠냐, 배우는 과정이 중요하고, 열심히 따라가려고 노력하는 게 중요하지!'

정말로 나는 그런 마음으로 학교에 다녔다. 성적에 스트레스를 받지 않았고 공부하는 과정을 즐겼다.

첫 번째 졸업시험 때 다른 과목은 통과했지만 딱 하나, 가장 엄격하기로 소문난 황위주 교수님 과목에서 탈락했다. 황 교수님은 평소에 "너희들이 실력이 갖춰졌을 때 졸업해야 사회에 나갔을 때 학교 명예에 흠집이 생기지 않는 것이다. 졸업하려면 먼저 실력을 갖춰라."라고 말씀하셨다.

학교에 대한 자부심이 대단하신 분이셨고, 평소에는 자상하셨으나 시험에는 매우 엄격하셨다.

엄격한 스승 밑에서 훌륭한 제자가 나오는 법이다. 교수님 덕분에 두 번째 시험 준비할 때는 학기 동안에 배웠던 필기 노트를 복사하듯이 다시 써보고 익히기를 반복했다.

드디어 마지막 졸업시험 관문까지 통과하고 경북대 석사 수료증을 받았다. 그토록 간절히 원했던 경북대 총장 직인이 찍힌 수료증이었다. 그러나 아직 졸업장을 받은 건 아니었다.

논문을 써야 했다. 학교 다니는 동안, 미리 준비한다고 틈틈이 기록해둔 게 있었지만, 막상 쓰려고 하니까 쉬운 게 아니었다. 집에 있는 시간이 많았음에도 도통 진도가 나가지 않았다.

목차 정리에서부터 막혔다. 졸업장 학위를 받으려면 논문을 써야 한다. 쓰다가 막히고 다시 쓰기를 반복하다가 중도에 포기하고 말았다. 그즈음 외부 강의가 많아서 집중하지 못했던 것도 또 다른 원인이었다.

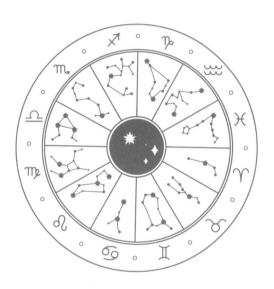

09 57살, 동기부여 강사로의 변신

Do you think life flows according to
Saju Palzha?

한자 공부방이 김천에서 소문이 나면서 이제 '한문 선생'이라고 하면 사람들이 나를 가장 먼저 꼽을 정도로 널리 알려졌다. 수강생들도 많아져서 오후 시간은 9시까지 수업이 잡힐 정도였다. 교도소와 지역문화센터, 다문화가족센터 등 여러 곳으로 외부 강의도 다니다 보니 논문을 쓰겠다고 오롯이 시간을 낼 수가 없었다. 2016년 수료한 후 결국 논문은 쓸 생각조차 하지 못했다.

그 시절 나는 성인을 대상으로 고전 강의를 하는 재미에 푹 빠져 있었다. 주로 『논어』, 『채근담』, 『명심보감』을 교재로 강의했다. 수강생들은 공직이나 학교 선생님으로 계시다가 정년 퇴임하신 분들이었고, 중년의 주부를 포함해서 연령대가 40대~70대까지 다양했다. 그분들과 같이 내가 좋아하는 고전 강독과 그 시절 이야기도 곁들여 서로 대화하는 시간이 참 좋았다.

몇 년을 고인 물처럼 현재에 안주하고 똑같은 일상만 반복하며 지냈다. 어느 날 좀 더 넓은 무대로 나가고 싶은 욕망이 생겼다. 인터넷을 여기저기 기웃거렸다. 때마침 청주에서 운영되는 '명강사 아카데미' 소식을 접하게 되었다.

그때까지만 해도 나는 전문적인 강사 교육은 받지 못한 상태였다. 그저 내가 알고 있는 지식으로 고전 강의, 또는 아이들에게 한자 급수만 지도하는 수준에 머물러 있었다. 체계적으로 강사 교육을 받고 싶었다.

전문 강사들은 어떻게 강의하는지 배우고 새로운 강의 기법을 터득하고 싶었다. 김천에서 청주는 차로 한 시간 삼십 분 정도 걸려서 오고 가는 데 큰 부담도 없었다.

대구로 통학할 때는 차가 없어서 기차를 이용했지만, 졸업 후에는 강의가 많아져서 중고차를 한 대 샀다. 부푼 기대를 안고 신청한 명강사 교육은 일주일에 한 번 저녁 7시부터 10시까지 3시간씩 3개월 동안 진행됐다.

명강사 교육을 계기로 나는 김천에서 하던 모든 일을 접고 청주로 이사하기로 했다. 김천에서는 바쁘게는 살았지만, 경제적으로는 여전히 힘들었다. 문화센터 강의나 아이들을 가르치는 과외로는 생활비를 충당하기도 빠듯했다. 그런데 청주는 김천과 규모부터 달랐다. 인구도 85만이 넘는 큰 도시여서 강사로 활동하기에 좋은 여건이라는 생각이 들었다.

청주에서 명강사 교육을 받고 난 후부터 외부 강의에 나가기 시작했다. 한 번에 받는 강사료가 어떤 때엔 김천에서 아이들을 가르치고 받는 한 달 수입과도 맞먹었다. 차츰 경제적으로 안정되기 시작했다. 좋았던 것은 아이들 과외에서 벗어나니 시간적 여유가 생겼다.

덕분에 놀라울 정도로 많은 강의 기법도 익혔다. 종전에는 단순하게 칠판에 써서 고전 위주로 이야기하는 방식으로 강의했지만, 이제는 파워 포인트를 이용할 수 있게 되었다. 강의에 필요한 영상도 유튜브에서 내려받아 자유자재로 삽입하고 포인터로 구동하는 방법까지 터득했다. 강의

분야도 다양한 주제를 소화할 수 있을 정도로 발전했다.

영상 제작에 눈을 떠 유튜버로 변신한 것도 김천에서는 상상할 수 없었던 놀라운 변화였다. '고정숙 한자 교실'과 '운세 채널' 두 개를 개설했는데 구독자 수가 모두 1천여 명을 넘어섰고, 운세 채널은 2천명이 넘어서면서 유튜브에서 수익금을 받을 정도로 성장했다.

이 무렵에 만난 '에이플러스성공자치연구소' 정문섭 대표는 "고 선생님은 본인의 삶을 스토리텔링으로 엮어서 동기부여 강의를 하면 가장 좋을 것 같다."라고 조언해 주셨다.

이때부터 나는 단순한 한문, 고전 강독 강사에서 탈피해 동기부여 강사로 새롭게 거듭났다. 실제 내가 살아온 이야기를 그대로 들려주는 강의를

들은 사람들은 "어떻게 그렇게까지 할 수 있었냐?"면서 놀라워했다.

'동기부여 강사'는 사람들을 활기차게 만들고 목표를 향해 나아가도록 격려하고 지원하는 역할을 하는 강사다. 이처럼 변신이 가능했던 것은 내가 걸어온 길이 다른 사람에게 동기부여가 될 정도로 다이내믹했다는 사실을 정 대표께서 일깨워 준 덕분이었다.

덕분에 나는 크고 작은 여러 무대에 서면서 다양한 경험을 두루 쌓을수 있었다. 특히 일반 강사들이 가장 서고 싶어 한다는 꿈의 무대인 지방자치단체의 시군 아카데미 강사로 여러 번 강단에 서는 행운을 안게 되었다.

그즈음 CJB 청주 방송에 출연해서 강의하는 영광도 누렸다. 무학에서여기까지 왔으니 이만하면 꽤 성공한 삶을 살았다고 할 수도 있었다.

그러나 시간이 지날수록 불현듯 마음 한구석에는 나한테 미안하다는생각이 들 때가 있었다. 학부 4년, 대학원 2년, 합쳐서 6년간 새벽에 일어나 기차 타고 통학을 하면서 배움에 정진했는데 끝내 석사 학위를 받지못하고 수료만 했다는 사실에 자존심이 상했다. 겨우 수료증이나 따려고 이 고생을 했다는 생각에 자괴감마저 들었다.

10 60살,
위기를 기회로

Do you think life flows according to
Saju Palzha?

강사가 강단에 서면 사회자가 강의에 앞서 강사를 소개한다. 그때마다 빠짐없이 등장하는 것이 강사의 학력과 약력이다. 이 때문에 강단에 설 때마다 찜찜할 때가 한두 번이 아니었다.

학위논문을 쓰지 못했기 때문에 대학원 졸업이 아닌 수료로 소개되고, 이런 말을 들을 때마다 나는 한없이 작아지는 느낌이었다.

바쁘게 활동하느라 논문 쓸 시간도 없었지만, 마음 한구석에는 석사 학위를 받지 못한 아쉬움이 늘 자리 잡고 있었다. 동기부여 강의를 하면서도 졸업은 아직 못했고 수료라고 소개되는 나 자신을 보면서 준비가 덜 된 강사라는 느낌을 떨굴 수 없었다.

2020년 2월, 대한민국은 물론 전 세계가 지금까지 겪어보지 못했던 새로운 상황을 마주하게 됐다. '코로나'라는 전염병이었다. 간헐적으로 전염병이 돌아서 모두를 힘들게 한 적은 있었지만, 이번에 시작된 코로나 전염병은 그런 것이 아니었다. 전염성이 강하고 전파력이 빨라서 잠깐 사이에 전 세계로 퍼져 나가면서 세상 사람들의 일상을 송두리째 흔들어 놓았다.

사회적 거리 두기가 시행되면서 명절에 가족들조차 모이지 못했다. 각종 모임도 인원 제한을 둘 정도로 그 피해가 심각했다. 직장인들은 출근을 자제하고 재택근무로 전환했다. 사람이 사람을 피하는 세상이 된 것이다.

'뭉치면 살고 흩어지면 죽는다.'라는 말이 '뭉치면 죽고 흩어지면 산다.'라고 바뀔 정도로 모이는 것 자체가 금기시되었다. 무더운 한여름에도 마스크를 쓰고 지내야 했다.

휴교하는 학교가 생겨났고 강의도 인터넷으로 대체됐다. 어린이집이나 유치원도 등교하지 못했다. 맞벌이 부부, 특히 워킹맘들은 아이를 맡길 곳이 없어 직장을 그만둬야 할 정도였다.

그전의 전염병은 6개월 정도 지나면 진정이 되곤 했는데 이번 코로나는 변이 바이러스가 생기면서 3년 넘게 이어졌다. 자영업자들은 모두 아우성을 쳤다. 교육이 힘들어지자 특히 나 같은 프리랜서 강사들도 경제적으로 큰 타격을 입었다.

교육 프로그램과 워크숍이 사라지니 강의할 곳이 크게 줄었고 그나마 예약되어 있던 강의도 줄줄이 취소되었다. 지금 생각해 봐도 들어오는 수입이 한 푼도 없었는데 어떻게 3년을 버텼는지 신기할 정도다.

'위기가 기회다.'라는 말이 있다. 위기가 닥치면 사람들은 낙심하고 다음 단계로 올라갈 엄두조차 못 내곤 한다. 특히 의지가 약한 사람일수록 더욱 그렇다.

나도 처음엔 먹고 살길이 막막했다. 공부하느라 벌어 놓은 여윳돈도 없었던 시절이었다. '곧 풀리겠지'라는 막연한 기대감이 유일한 희망의 끈이었다. 그러나 언제까지 아까운 시간을 낭비하고 있을 수는 없었다.

그때 떠오른 것이 논문이었다. '그래, 이 기회에 시간이 없어 미뤘던 논문을 써 보자.'라는 생각이 들었다.

그전에 쓰다가 만 자료들을 다시 꺼내 오랜만에 공부하던 학생으로 돌아갔다. 어느새 내 나이는 환갑을 바라보고 있었다. 책상에 앉아 있는 시간은 그전처럼 오래 버틸 수 없었고 집중력도 많이 떨어졌다. 또다시 악으로, 깡으로 논문을 써 내려갔다.

2020년 4월부터 본격적으로 논문을 쓰기 시작했다. 심사가 있는 10월까지 6개월 남짓 남았으니 부지런히 써야 했다. 지도 교수님께 여러 번 수정 보완을 거쳐서 드디어 논문 심사를 받았다.

2020년 10월 29일 첫 논문 발표

그러나 워낙 짧은 시간에 급하게 쓴 논문이라 미비한 점이 너무 많았다. 당연히 심사에서 떨어졌다. 그냥 발표만 하고 끝난 것이다. 그때까지도 나는 내 논문이 부실하다는 사실을 깨닫지 못했다. 그러나 발표 시간에 다른 학생들이 발표하는 내용을 듣고 나서 크게 뉘우쳤다. 내가 쓴 논문은 그들과는 비교가 되지 않을 정도로 허접했다는 사실을. 갈 길이 멀다는 것을 실감하고 처음부터 다시 시작하기로 했다.

나의 지도 교수는 정병호 교수님이다. 처음 경북대학교 한문학과에 입학하는 방법을 물어보려고 네 분의 교수님들께 메일을 보냈을 때, 내게 답장을 보내 주셨던 두 교수님 중 한 분이다. 첫인상은 마른 듯한 외모에 얼굴이 날카롭게 보였지만 6년 동안 학교에 다니면서 한 번도 화내시는 것을 본 적이 없을 정도로 매우 인자하셨다. 모든 학생에게 똑같이 대해 주셨고 항상 따뜻한 미소로 수업을 이끌어 가셨다. 6년 동안 한결같은 모습을 보았기에 교수님의 인품에 반해서 나는 주변 사람들에게, "이순신 장군 다음으로 존경한다."리고 말하곤 했있나.

그런 교수님이 내가 논문 지도를 받기 위해 학교에 갔을 때, 딱 한 번 화를 내셨다. 그만큼 내 논문이 엉망이었다. 워낙 기초가 안 되어 있는 학생이고 또 나이도 교수님보다 많으니 대하기가 더 힘드셨으리라.

청주에서 대구까지 논문을 들고 몇 번을 왕복했다. 교수님께 가르침을 받고 오면 논문이 조금씩 다듬어지긴 했지만, 지도를 받을 때마다 '과연 통과될 수 있을까?'라는 생각과 함께 자신감이 떨어졌다. 시간이 갈수록, 알면 알수록 더 어려운 게 논문이었다.

다시 논문 심사 날짜는 임박해 오고 심도 있게 연구할 재량은 안 되고 포기하고 싶은 마음이 굴뚝같았다. 하루에도 몇 번씩 마음이 오락가락했다. 마음에 갈등이 일어날 때마다 심하게 흔들렸다. 이래선 안 되겠다 싶어서 내가 나한테 한 가지를 약속했다.

'내가 너 꼭 졸업장 받게 해줄게. 환갑 되기 전에 너한테 선물할게.'

마음을 독하게 먹고 공부하던 시절의 독기를 품고 처음부터 꼼꼼하게 다시 수정해 나갔다. 어떤 날은 새벽 4시까지 붙들고 씨름했다. 심사를 한 달 앞두고는 메일로 교수님과 수정한 부분을 주고받으며 거의 매일 밤을 새우다시피 했다.

하루 전날, 다음 날 오후 4시까지 논문을 제출해야 했다. 그날도 새벽까지 수정 보완한 걸 최종이라 생각하고 교수님께 메일로 보내 놓고 잠시 눈을 붙였다. 4시간 정도 자고 아침 9시쯤 일어나자마자 바로 컴퓨터를 켜서 메일을 확인했다. 그때까지 교수님께서 메일을 보지 않으셨다. 오전에 수업이 있어서 확인 못 하실 수도 있겠다는 생각이 들었다.
아니나 다를까, 오후 1시쯤에 교수님으로부터 직접 전화가 걸려 왔다.

"원문 해석이 잘못된 부분은 바로잡아야 합니다."

한문 해석이 잘못된 부분이 있다니! 다시 고서(古書)를 뒤져 가며 내용을 바로잡아야 했다. 고서는 한문 해석이 때로는 축약해 기록해 둔 사례가 있어서 축약된 단어의 뜻을 유추해야 하는 어려움이 있다. 시간은 촉박하고, 해석은 마음대로 되지 않고, 눈물이 났다.

눈물을 흘리며 쓰다가 소리 내어 울기도 했다. 밥 먹을 시간조차 없어서 아침부터 물만 마시며 버텼다.

오후 4시가 임박해서 겨우 마무리되었다. 교수님께 메일로 보내고 수업에 방해될 것 같아 전화는 못 드리고 확인 부탁한다는 문자만 보냈다.

교수님께 바로 전화가 왔다.
"그동안 수고 많으셨습니다."
내 논문이 통과된 것이다. 믿을 수 없었다. 하늘을 날 것 같은 기쁨과 이제 끝났다는 홀가분함이 동시에 일었다.

드디어 해낸 것이다! 2016년에 수료하고 만 5년 만에, 게다가 입학도 졸업도 어렵다는 국립대 경북대학교에서 대학원 논문이 통과된 것이다.

학부와 석사과정까지 함께 공부한 학생 중에는 아직 논문을 못 쓴 동료도 있었다. 그 학생은 학부 때 성적 장학금을 받을 정도로 발표도

잘했고, 교수님께 질문도 가장 많이 했다. 그런 그가 논문을 통과하지 못해 졸업장을 받지 못하고 있는데, 학부는 물론 석사과정도 제일 꼴찌인 내가 먼저 졸업하게 된 것이다.

인간의 한계는 무한정인가 보다. 남들은 다 해도 나는 절대 못 하는 게 공부라고 생각하고 스스로 한계 짓고 도전도 해보지 않았던 게 공부였다. 그런데 나이 61살에 드디어 해냈다.

'위기는 기회다!'

코로나 위기도 기회로 활용할 수 있었다. 세상 사람 모두를 힘들게 했던 코로나지만 나는 그것을 기회로 삼은 것이다. 일이 없으니 시간이 많았고, 사람들을 만나지 못하니 외부에서 활동할 일이 없었다. 덕분에 평생 숙제인 논문을 마칠 수 있었다.

경북대 총장 직인이 찍힌 졸업장

2021년 8월, 꿈에 그리던 경북대학교 졸업장을 받게 됐다. 나 자신과 한 약속을 지킨 것이다. 논문을 쓰기 시작한 지 1년 6개월 만에 이뤄낸 성과다. 수료하고 5년이 지난 후였다. 13살이라는 어린 나이에 학업을 포기하고 공장에 내몰려 고생만 했던 나 자신에게 61살 환갑에 꼭 졸업장을 선물해 주겠다고 한 약속을 지켰다. 그해 10월이 내 환갑이었다.

이제 '무학'이라는 꼬리표를 뗀 정도가 아니라 당당히 경북대학교 대학원을 졸업한 한문학 석사가 된 것이다. 아이들이 초등학교에 다닐 때 부모의 학력과 가정환경을 조사하던 시절이 있었다. 도저히 창피해서 무학이라고 쓰지 못하고 '중졸'이라고 적으며 얼마나 부끄러워했던가.

사회에 나와서도 사람들이 어느 학교를 나왔냐고 물어오면 그때마다 거짓말을 하곤 했다. 이제는 그럴 필요가 없다는 현실이 믿기지 않았고, 내가 언제 여기까지 왔나 하는 자부심도 생겼다.

졸업식은 코로나 시국이어서 단체 졸업식이 아닌 개별 졸업식으로 진행되었다. 사람들이 모인 자리에서 소리쳐 자랑하고, 석사복을 입은 내 모습을 보여주고 싶었는데 그렇게 하지 못해 아쉬웠다.

혼자 과사무실에 가서 졸업장을 받고 석사 옷으로 갈아입은 후 개별적으로 사진 촬영하는 것으로 만족해야 했다. 학교는 방학 중이라 교수님이 출근하지 않아 뵙지도 못했고 인사도 못 드리고 돌아왔다. 남들보다 더욱 특별한 졸업이었기에 아쉬움이 컸다.

졸업식장에는 친정어머니도 와 주셨다. 미용실이나 운영해서 살림이나 잘 꾸려나가면 될 걸 쓸데없이 돈 버려 가며 공부한다고 못마땅해하셨던 분이었다. 그런데도 이날은 나 못지않게 기뻐하셨다. 표현은 하지 않으셔도 늦은 나이에 혼자 힘으로 여기까지 온 딸을 자랑스러워하시는 것 같았다.

"그 옷 나도 한번 입어 보자!"
어머니는 내가 입고 있던 가운을 벗어 보라고 하셨다.

"옛날에 작은외숙모가 큰아들 졸업할 때 이런 옷 입고 찍은 사진을 나한테 자랑했다 아이가. 나도 이거 입고 사진 한 장 찍자. 자랑 좀 하구로."

어머니께서 그날 처음 털어놓으신 속마음이었다. 작은외삼촌 자녀들은 모두 의대, 한의대, 교육대를 졸업한 수재들이었다. 지금까지 속내를 말

쓸하시지 않으셨어도 어머니는 외삼촌의 아이들이 번듯하게 공부를 많이 한 것을 굉장히 부러워하고 계셨나 보다.

"나도 이제 소원 풀었다!"

어머니의 그 말씀 한마디에 그동안 어머니께 공부한다고 설움을 받았던 일들이 눈 녹듯이 사라졌다. 나를 구박했던 게 어머니의 본마음이 아니었다는 것이 느껴졌다.

지금도 어머니는 내 졸업식 사진을 커다란 액자에 담아 거실에 걸어 놓고 집에 오는 사람들한테 자랑하는 것을 낙으로 삼고 계신다.

11 명리학에
심취하다

Do you think life flows according to
Saju Palzha?

학부 시절 같이 공부하던 학생 중에 명리학 공부를 하던 학생이 있었다. 대학생들과 또래는 아니었고, 대학을 졸업하고 결혼까지 하고 난 후 40대에 한문학과에 다시 들어온 사람이었다.

그가 어느 날 내게 말했다.

"샘, 생년월일 불러봐요. 내가 사주 좀 봐 줄게."

나는 그때까지만 해도 사주에 대해 아는 게 없었고 관심도 없었다. 아무 생각 없이 사주를 불러 줬더니 그 동기는 나의 지나온 일들을 술술 말해 주었다. 어떤 건 맞는 것도 있었지만, 전혀 아닌 것도 있었다. 그중에는 충격적인 말도 있었다.

"샘은 사주로 보면 지금 정신병원에 입원해 있을 사람인데 학교에 공부하러 왔네."

그 순간 망치로 머리를 한 대 얻어맞은 기분이 들었다. 많은 세월이 흐른 지금까지도 그 말은 잊히지 않고 있다. 내가 만약 의지가 약한 사람이었다면 그럴 수도 있겠다는 생각이 들었기 때문이다. 호기심이 생긴 나는 그때부터 명리학 공부에 빠져 지금까지 심취해 있다.

파란만장했던 지난 세월, 힘들었던 날들을 글로 표현하라고 한다면 지면에 다 채우지 못할 정도로 나는 남다른 삶을 살아왔다. 하나하나 돌아보면 지금 숨을 쉬고 있는 것도 신기할 정도로 인고(忍苦)의 나날이었다.

나는 남들이 평생 겪을 고통을 40대 중반까지 다 겪은 것 같다. 그나마 나의 의지대로 내 삶의 주인이 되어 인생을 살면서 행복이라는 감정을 느끼기 시작했다. 먹고살기 위한 삶에서 과감하게 벗어나, 하고 싶었던 공부를 하고 나서부터 삶의 질이 완전히 바뀐 것이다.

나는 공부할 때 집중이 흐려지거나 내일이 시험이라도 하기 싫으면 바로 책을 덮고 휴식을 취했다. 그런 패턴을 알기에 딸들에게도 공부하라고 강요해 본 적이 없다. 공부는 누가 시켜서 되는 게 아니고 억지로 책상에 오래 앉아 있다고 되는 게 아님을 경험했기 때문이다.

작은딸이 고등학교 때 한문 시험에서 30점을 받은 적 있다. 내가 한문 공부방을 운영할 때였다. 정작 엄마인 나는 대수롭지 않았는데 내게 아이를 맡긴 학부모들은 난리가 났다.

"아니, 어떻게 한문 선생님 딸이 한문 성적이 그렇게 나올 수가 있어요?"

나는 아무렇지 않은 듯 답했다.

"엄마가 한문 선생이라고 딸이 꼭 한문을 잘해야 한다는 법 있나요?"

작은딸은 컴퓨터로 그림 그리는 것을 좋아했다. 그게 아이의 적성이라고 생각했기에 컴퓨터를 오래 한다고 혼내기는커녕 오히려 컴퓨터 학원을 보내줄 수 없어서 안타까워했다.

지금 작은딸은 자신의 적성을 살려 사진 보정, 컴퓨터 그래픽 작업을 하는 사진 보정 전문가가 되었다. 작은딸처럼 본인이 즐겨 하고 좋아하는 일을 직업으로 삼을 때가 가장 행복하지 않을까.

나는 주변 사람들의 말이나 분위기에 흔들리지 않을 만큼 평소 내 주관과 원칙이 확고한 편이다. 그런 뚝심이 있었기에 힘들었던 나날을 버텼는지 모른다. 내 사주대로 살았다면 아마도 그 친구 말처럼 정신병원에 몇 번이고 들락거리는 삶을 살았을 수도 있었을 것 같다.

'어리석은 사람은 사주대로 살고, 현명한 사람은 사주를 뛰어넘는 삶을 산다.'

너무 충격적인 말을 들어서 도대체 내 사주가 어떻길래라는 궁금증이 생겼다. 그때부터 틈틈이 명리학을 공부했다. 기초 공부만이라도 해서 내 운명을 직접 알아보고 싶었다.

명리학은 단순하게 이치를 터득할 수 있는 공부가 아니었고, 그 깊이는 수십 년을 공부해도 부족할 정도였다. 오히려 한문학보다 더 어려웠다. 그러나 명리학은 지금 학문 대접을 못 받고 이상한 종교로 오해받을 정도로 천시받고 있는 것이 현실이다. 얕은 공부로 마치 전문가인 양

남의 운명을 마음대로 예단하는 사람이 있는가 하면, 어떤 사람들은 '삼재'로 사람들을 미혹하기도 한다.

명리학의 핵심은 '타인의 운명'을 논하는 게 아니다. 그보다는 '나'를 알아가는 공부가 먼저가 되어야 한다. 나에게 부족한 오행이 무엇인가를 알아서 균형을 맞춰 주면 되는 것이다. 오행이란, '물, 불, 흙, 나무, 금' 다섯 가지의 요소를 말한다. 이것은 굿으로 채울 수 있는 게 아니고, 부적으로 채울 수 있는 것도 아니다. 모두 자연에서 얻어지는 것이다.

물이 부족하면 물을 자주 마시는 것을 습관화하고, 불이 부족하면 붉은색 옷을 자주 입고, 일광욕이나 온찜질을 자주 해 몸을 따뜻하게 해 주는 것도 도움이 된다.

나무가 부족하면 자연을 가까이하고 숲이 우거진 둘레길을 자주 거닐면서 나무의 기운을 받으면 되고, 흙이 부족하면 흙을 가까이하고 흙길을 걷는 것이 도움이 된다. 금이 부족하면 금속으로 된 시계나 안경 같은 액세서리를 착용하는 것이 좋다. 오행이 나타내는 색깔을 알아서 자신에게 부족한 색을 적절히 활용하는 것이다.

이렇듯 오행의 기운은 자연이나 외부 요소들로 보완할 수 있다. 사주는 맹신하는 것도 위험하지만, 오행의 균형을 너무 무시하는 것도 위험하다. 오행의 균형이 맞지 않으면 안 좋은 일들을 겪게 되거나 건강을 해치는 경우가 많다. 그만큼 오행에는 무시할 수 없는 강력한 힘이 있다. 수개월 비가 오지 않아 가뭄이 들면 논과 밭은 메말라 땅이 갈라지고 황폐한 모습으로 변해 가는 것과 같은 원리다. 이처럼 오행의 원리는 자연 현상을 잘 관찰하면 쉽게 이해할 수 있다.

다음으로 중요한 것이 태어난 날의 오행과 본인의 기질이다. 신기하게도 태어난 날의 오행이 뜻하는 성질과 그 사람의 성격은 매우 흡사하다. 사주 상담을 하다 보면 관운(官運)에 대한 질문을 많이 받는다. 그리고 다른 요소들에 비해 의외로 관운은 잘 맞는 경향이 있다. 내가 봤던 사주 중 가장 마음 아팠던 사례를 여기에 소개해 보겠다.

이 사주의 오행을 살펴보면 흙이 3개, 금이 3개, 불이 2개로 세 가지의 오행으로만 구성되어 있고 물과 나무가 없다. 물은 일간인 내가 극(剋)해서 취할 수 있는 재물을 뜻하고, 나무는 일간인 나를 극하는 관성, 즉 관운을 뜻한다.

재물과 관운이 없다면 돈과 인연이 없고 직장과 인연이 박하다는 것을 의미한다. 남자에게 재성은 여자를 뜻하기도 하니 이성 운도 없는 것이다. 그러나 이 사주는 여성이므로 이성 운보다는 재물과 인연이 박하다고 보면 맞다.

사주에서 일간(본인)을 도와주는 글자를 '인성'이라고 한다. 인성에는 정인과 편인이 있다. 위 사주에서는 화생토로 불이 흙인 나를 도와주는 구조다. 봄에 농부들이 밭에 불을 놓아 거기에서 발생하는 재가 거름이 되는 과정을 상상하면 불이 흙을 도와준다는 의미가 이해될 것이다.

인성이란 교육과 학문, 어머니와 같은 뜻을 의미한다. 이 사주의 주인공은 20여 년 전에 서울대에 합격한 사람이다. 당시 동네에서 인재가 났다고 소문이 자자했던 수재였다. 그런데 졸업 후 고시에 열 번 넘게 도전했으나 매번 실패했다. 이 사주에는 직장을 뜻하는 관(官), 즉 나무가 없다.

이렇듯 사주팔자 안에 관이 없으면 공직으로 나가는 게 힘들다. 학문을 뜻하는 정인과 편인이 있어 공부에는 소질이 있었다고 보는 것이다. 이 사주의 주인공은 또한 모친이 공직 생활을 하고 있어서 서울에서 수년간 딸의 고시원 생활비와 학원비를 지원해 줄 수 있었다. 이는 사주에 인성, 즉 어머니의 도움이 팔자에 나타나 있어 가능했던 것이다.

실제로 이 사주의 주인공은 팔자 구성대로 살아왔다고 해도 과언이 아니다. 42살 을묘(乙卯) 대운부터 관운이 들어온다. 하지만 그때는 이미 고시를 포기하고 고향으로 내려간 후였다.

한때는 동네에서 수재로 사람들의 부러움을 한 몸에 받았지만, 지금은 오랜 시간 공부만 하다 보니 자기 관리도 안 되고 사회성도 기르지 못한 채 나이만 들어 버렸다. 만약 사주 기초 공부가 되어 있었다면, 자신의 사주에 맞게 눈높이를 낮춰 적당한 직장에 취업도 했을 것이고 혼기도 놓치지 않았을 것이다. 이런 이유로 필자는 일반인들도 사주에 대한 기초 지식을 익히기를 권하는 것이다.

자료출처 : 나무위키

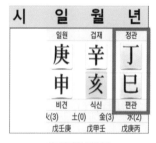
故 박정희 대통령

전 국민의 힘 대표 이준석

왼쪽은 고 박정희 대통령의 사주이고 오른쪽은 개혁신당 이준석 국회의원(전 국민의힘 당 대표)의 사주다. 태어난 시간을 알 수 없어서 일단 연월일 세 기둥만 보겠다.

두 사람의 공통점은 관운이 일찍 들어와 있다는 것이다. 태어난 해를 뜻하는 연주 기둥은 국가 자리로 본다. 위의 명조에서 붉은색으로 표기된 것이 관이다.

박정희 대통령은 국가 자리에 정관과 편관이 있고, 이준석 의원도 국가 자리와 월주에 편관이 있다. 연주 기둥은 초년 운으로 해석하고, 월주 기둥은 중년 운으로 본다. 이분들은 관의 뿌리가 지지에 확실하게 있고 천간으로 투출(透出)되어 있는데 그것도 국가 자리다. 이 사주대로 이준석 의원은 젊은 나이에 국민의 힘 당 대표가 되었다. 이렇듯 관운은 팔자에 드러나 있는 것이 중요하고 어느 자리에 있는가에 따라 출세 시기도 알 수 있다.

자료출처 : 나무위키

故 정주영 회장

다음은 고 정주영 회장의 사주다. 이분도 정관인 '丁'이 월간에 드러나 있으나 관의 뿌리가 되어 주는 불은 지지에 없다. 정 회장은 이처럼 정관이 약해 14대 대선에 출마했다가 낙마했다. 반면 재물을 뜻하는 정재(乙, 卯)는 연주 자리에 강하게 자리 잡고 있다. 즉 관운보다는 재물 운이 더 좋다는 뜻이다. 관은 천간에만 드러나 있는 것보다는 지지에 뿌리가 강하게 있는 것이 좋다.

12 사주보다
중요한 것

Do you think life flows according to
Saju Palzha?

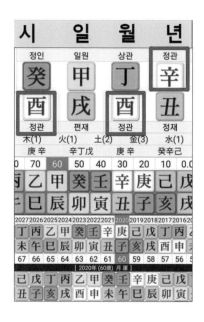

앞에서 세 분의 명조를 통해 관운에 대해서 알아보았다. 다음은 필자의 사주 명조다.

필자 사주에 정관이 세 개(辛, 酉, 酉)나 있다. 더구나 국가 자리를 뜻하는 연주 천간으로 '辛'이 드러나 있고 월지에 뿌리인 '酉'도 있다. 앞에서 보았던 이준석 의원의 사주와 같은 구조다. 그러나 나는 어릴 때 불우한 가정에서 태어났기에 부모의 영향으로 공부를 할 수 없는 환경에서 자랐다. 국가 일을 할 수 있는 사주 구조였지만 전혀 그러지 못했다.

관운이 아무리 적중률이 높다지만 이렇듯 어릴 때 처한 환경에 따라 달라질 수 있다. 즉, 사주보다는 부모의 영향이 그만큼 크다는 뜻이다.

조선 시대를 예로 들어 보자. 한 명은 관운도 좋고 오행의 균형도 맞아서 좋은 팔자를 타고났지만 태어나 보니 부모가 노예였다. 반대로 다른 한 명은 사주 구성이 좋지 않았는데 태어나 보니 부모가 양반이고 가문이 좋은 집이었다. 이 둘의 운명은 어떠했겠는가? 이처럼 사주팔자도 중요하나 성장 환경이나 부모의 역할이 그 사람의 인생에 더욱 큰 영향을 미쳤다.

나는 나무 오행으로 태어났다. 지지에 뿌리가 없는 나무다. 그런데 40대 임인(壬寅) 대운부터 지지로 나무 '寅'이 들어왔다. 뿌리가 없는 약한 나무인 내게 지지로 뿌리가 들어오고 천간으로는 나무를 도와주는 큰물 '壬'이 들어온 것이다. 돌이켜 보면 이 시절부터 내 인생의 전환점이 시작되었다.

대운은 한 기둥이 10년 동안 영향을 끼친다. 천간과 지지를 반으로 나누면 45살부터 뿌리 '寅'의 영향을 받는다고 볼 수 있다. 내가 공부 시작한 나이가 46살이니까, 정확히 45살 양력 생일 10월이 지나면서부터 뿌리의 영향을 받은 것이다.

신기하게 나는 사주 모양대로 살아왔던 것 같다. 대운에서 공부할 운편인 '壬'이 들어오고 약한 나무에 뿌리가 되어 주는 '寅'이 들어오면서 내가 하고 싶었던 공부를 할 수 있었고 이때 내 인생에서 가장 황금기를 누렸다.

나는 40살 대운부터 70살 을사(乙巳) 대운까지 나무가 들어온다. 약한 나무 기운을 도와주는 흐름이다. 그 영향인지 지금도 어린 시절과는 비교가 안 될 정도로 안정된 삶을 살고 있다. 사주를 익혀 자신이 나아가고 물러설 때를 안다면 살면서 중요한 결정을 내려야 할 때 큰 도움이 될 수 있다.

　그러면 왜 나의 동기는 나의 사주를 보고 정신병원에 입원할 팔자라고 했는지를 살펴보자. 나를 상징하는 나무가 뿌리도 없이 달랑 혼자 있고, 그 주변으로 날카로운 사물을 뜻하는 관, 금[辛酉酉]이 세 개나 있다. 이 금들은 작은 비수, 또는 날카로운 무기에 비유되니 나무에 상처를 준다고 풀이한다.

　차라리 도끼와 같은 큰 금을 뜻하는 '庚'이었다면 나무를 쪼개서 장작을 만들어 사회에 불을 밝히는 일을 할 수 있는 재목이 되었을 것이다. 그러나 작은 쇠붙이는 나무를 쪼개지도 못하면서 큰 나무 '甲'에 계속 흠집만 내는 정도이니 정신적으로 매우 피곤하고 불안한 상태에 놓이게 된다. 이와 같은 논리로 그 친구는 내 사주를 정신병원과 연관 지어 풀이한 것이다.

　나의 경우 공부하는 흐름은 때에 맞춰 시작해서 사주가 꼭 맞아들어갔지만, 정신적인 문제는 내 의지로 이겨낸 듯하다. 또 하나 관은 직장을 뜻하기도 하는데 관이 세 개이니 직업이 여러 번 바뀐다고 풀이된다. 나는 어릴 때는 공장에 다닌 직장인이었고, 결혼해서는 미용실을 운영했으며, 현재는 강사로 그동안 내가 거쳐 온 직업이 세 개니 사주대로 살아가고 있는 셈이다.

정리하면 사주팔자 구성을 알면 인생의 방향이나 목표를 설정하는 데 도움이 되고, 본인의 성향과 기질을 알 수 있는 것도 큰 틀에서 참고할 만한 자료가 되는 것은 분명하다. 그러나 운명은 본인의 의지가 더 중요하고 어떻게 살아가야 하는지 스스로 결정하는 바에 달려 있다.

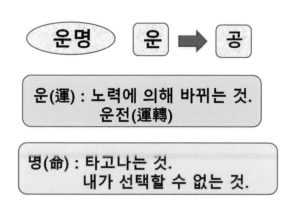

'운명'에서 '운' 자를 뒤집으면 '공' 자가 된다. 운이 찾아오게 하려면 공을 들여야 한다. 공이란 타인에 의해서 또는 종교에 의해서 결정되는 것이 아니다. 본인의 운을 내가 주인이 되어 다스려 나가야 한다는 뜻이다.

한자로 운(運) 자는 옮길 운이다. '운전(運轉)'에도 이 글자를 쓴다. 명(命) 자는 목숨 명이다. 명이란 개인이 어떻게 할 수 있는 게 아니고 태어나면서 부여받은 것이다. 그러나 운이란 한자에서도 알 수 있듯이 본인의 운명을 어떤 방향으로 이끌어가는가에 따라서 달라질 수 있다.

사주팔자라는 도로를 달릴 때 누군가는 고급 승용차를 타고, 누군가는 폐차 직전의 고물차를 타고 달리지만, 운전자는 나다. 본인이 가야할 방향만 잘 잡는다면 얼마든지 운명은 바꿀 수 있고 본인의 노력 여하에 따라 달라지는 것이다.

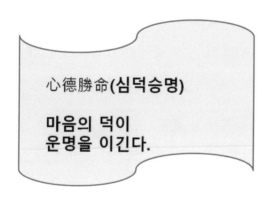

心德勝命(심덕승명)

마음의 덕이
운명을 이긴다.

사람들은 흔히 '액땜'이라고 하면 부적을 떠올린다. 그러나 그것의 효과는 이미 활용해 본 사람들이 경험으로 알 것이다. 부적으로 나쁜 기운을 몰아내고 액땜할 수 있었다면 이 세상 모든 사람이 불행과 액운을 피해 갔을 것이다.

나는 내 강의를 들은 수강생들에게 부적보다 나은 것을 하나씩 쥐어 준다. 그게 바로 위의 '심덕승명'이다. 마음의 덕을 쌓아 나가면 운명을 이길 수 있다고 확신하기 때문이다.

나의 도움이 필요한 누군가가 주변에 있을 때 그에게 따뜻한 말 한마디를 건네며 위로해 주는 것이 부적이라고 할 수 있다. 그가 외로워할 때 식사 한 끼 대접해 주는 것이 가장 큰 보시(報施)이며, 덕을 베푸는 일이다.

남에게 무언가를 줄 때 지금 당장은 내가 손해를 보더라도 베푼 만큼 돌려받을 것을 계산하지 않고 일방적으로 베푸는 삶, 이것이 인간이 지녀야 할 가장 큰 덕망(德望)이자 항상 지녀야 할 부적이다.

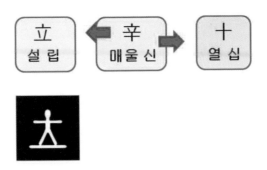

매울 신(辛) 자를 파자(破字)해 보면 설 립(立) 자와 열 십(十) 자의 조합이다. '立' 자는 사람이 팔을 벌리고 있는 형상을 본뜬 글자다. '十'

자는 한자에서 숫자의 완성체를 나타내며 '많다'라는 뜻으로 쓰인다.
많은 일들 위에 서 있는 모습이 '辛'이다.

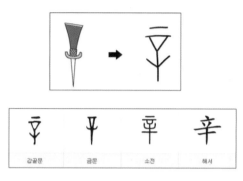

그림 출처 : 네이버 한자 사전

네이버 한자 사전의 '辛' 자를 보면 고대 노예의 몸에 문신을 새기던
도구를 그린 것이라고 기록되어 있다. 그러므로 '辛' 자는 노예의 삶이
눈물 나도록 고생스러웠기 때문에 '고생하다,' '괴롭다'와 같은 뜻이다.

그러나 '辛' 자에 한 일(一)을 더하면 행복할 행(幸)자로 바뀌는 기적
을 볼 수 있다. '一'이란 하나의 의지와 신념을 나타낸다. 어떤 어려운
고난이 닥치더라도 본인의 신념이 굳세고 강하면 그것을 이겨내고 행복

한 삶을 살 수 있다는 것을 '辛'과 '幸'의 자형(字形)에서 알 수 있다.

한자 '幸'의 자형을 보면 행복과 불행이 공존하는 모습이다. 이 둘은 떼려야 뗄 수 없는 관계에 놓여 있다. 현재 본인이 불행한 상황에 있다고 해서 너무 나쁜 기운으로 치우치지 말아야 하며, 처해 있는 상황이 행복하다고 해서 그쪽으로 치우치면 안 된다는 깨우침을 주고 있다.

13 운명은 내가 만들어 간다

Do you think life flows according to
Saju Palzha?

사진 출처 : 네이버 이미지

대한민국에서 운명을 뛰어넘은 사람을 꼽아 보라고 한다면 나는 손흥민, 김연아 두 사람을 꼽겠다. '성공'이라는 자리에 올라가기까지 이들이라고 고난과 고통의 시간이 없었겠는가? 모진 훈련을 거듭하며 자신과의 경쟁에서 이겨낸 사람만이 성공할 수 있는 것이다. 사주팔자에서 드러난 운명도 이와 마찬가지다.

자료 출처 : 나무위키

손흥민은 가녀린 풀로 태어난 을(乙) 목 일간이다. 을의 뿌리가 되어 주는 같은 나무가 지지에 없고 더구나 일지에는 을 목을 사정없이 자르는 유(酉) 금이 자리 잡고 있다. 마치 바위 틈새를 어렵게 비집고 나오는

풀과 같은 형상이다.

   태어난 시간을 알 수 없어 3개의 기둥으로만 봤을 때는 매우 심약한 사주로 보이고 운동선수로서 대성할 만한 힘은 부족하다고 할 수 있다. 그러나 乙의 기질은 들풀과도 같아서 밟아도 밟아도 꺾이거나 죽지 않는 생명력이 있다.

   손흥민 선수가 사주팔자의 구성을 뛰어넘어 오늘날 대성할 수 있었던 것은 끈기와 성실함과 노력으로 맺은 결과라는 것을 알 수 있다.

자료 출처 : 나무위키

   김연아 역시 3주로 봤을 때 세계적으로 이름을 알릴 정도로 오행이 조화를 이루고 있지는 않다. 다만 인성이 많다는 점이 눈에 띈다. 인성이란 학문을 뜻하기도 하지만 참을성, 인내력을 나타낸다. 나무와 불은 확산의 기질이 있어 신중하지 못하고 일부터 저지르고 보지만, 금과 물은 수렴의 기질로 신중한 면이 있다. 인성은 한편으로는 모친을 뜻한다. 김연아의 성공은 어머니의 헌신적 노력에 본인의 끈기가 더해져서 이루어진 결과로 해석할 수 있다.

손흥민, 김연아 두 사람의 사주에서 나타나는 공통점은 손흥민은 부친의 영향이 보이고 김연아는 모친의 영향이 보인다는 점이다. 이렇듯 사주팔자는 구성 못지않게 부모의 역할과 어릴 때의 가정환경도 중요하다는 것을 알 수 있다.

　　그러나 운명은 성장 과정에서 부모의 영향을 받지 못했더라도 자신이 처한 상황을 탓하기보다 노력으로 헤쳐나가면 얼마든지 극복할 수 있는 것이다.

　　나 또한 만약 6.25 전쟁이 터진 무렵에 태어난 것을 탓하고, 아버지를 잘못 만났다고 부모 탓을 하면서 못 배운 것을 한으로 여기며 지금까지 자기계발을 게을리했다면 현재의 나로 변신할 수 있었을까?

　　앞서 쌍둥이 사주에서 언급했듯이 '사주'라는 타고난 기질에서 많이 벗어날 수는 없어도 운명은 내가 개척하는 것이다. 무학의 미용실 아줌마였던 내가 지금 동기부여 강의를 하고 있고 사람들에게 명리 상담을 하면서 인생 3모작을 사는 것처럼 말이다.

　　삶이란 사주팔자에 드러난 대로 이끌려 가는 게 아니다. 나의 삶은 내가 주인이 되어서 나가야 할 방향을 잡고 나를 이끌어가는 것이다. 그러므로 운명은 정해진 것이 아니라 개척하는 것이다.

한자에서 큰 대(大), 개 견(犬), 클 태(太)의 자형은 매우 흡사하다. '犬' 자는 사람이 팔을 벌리고 서 있는 모습이다. 그리고 윗부분에 '점' 하나를 찍은 것이 '犬' 자이다.

위의 그림에서 알 수 있듯이 목에 밧줄이 채워져 끌려가는 모습이 개와 닮았다고 해서 '개 견'이다. 반면에 '太' 자는 점이 가운데 찍혀 있다. 어디에도 이끌리지 않고 본인이 중심을 잡으면 태양처럼 떠오르는 삶을 살 수 있다고 해서 사람을 뜻하는 '大' 자 가운데에 점을 찍어 강조한 것이다. 여기에서 중심은 삶의 방향성이다. 삶에서 중심이 흔들리지 않는 것이 매우 중요함은 한자를 통해서도 알 수 있다.

삶이란 타인을 이기는 것보다 나와의 싸움에서 자신을 이겨내는 것이 더욱 중요하다. 나의 정신 건강이 무너지면 누구도 구제해 줄 수 없다.

오직 본인 스스로 중심을 잡고 열심히 노력하는 자세가 필요하다. 그러니 부정적인 생각을 몰아내고 밝고 긍정적인 기운을 모아야 한다.

지식보다는 일상의 삶 속에서 반면교사(反面教師)로 삼을 수 있는 지혜가 필요하다.

자동차로 여행할 때 처음 가보는 길은 내비게이션의 도움을 받는다. 우리네 인생 역시 한 번도 가보지 않은 초행길이다. 이때 내비게이션의 역할을 하는 것이 바로 사주팔자이다. 사주팔자를 모르고 살아가는 것과 알고 살아가는 것은 분명 큰 차이가 있다. 사주팔자를 알면 삶에서 길을 잃었을 때 헤매지 않게 중심을 잡아 주고 방향성을 잡는 데 도움을 받을 수 있다.

운명을 바꿀 수 있는 개운(開運)은 언제 생길까. 개운은 나와 내 가족만 잘살게 해 달라고 종교 단체에 많은 돈을 기부해서 자신의 부(富)와 권력(權力), 존재감을 드러낸다고 열리는 것이 아니다. 이보다는 평소 드러나지 않은 곳에서 덕을 많이 쌓아 가는 것이 낫다.

곧, 마음의 덕이 운명을 이기는 것이고, 운명은 스스로 만들어가는 것이다.

운명은 내가 만들어간다.